Texte : **Pierrick Gavaud**

Photographies : **Emmanuel Berthier**

La Bretagne à vélo
Le canal de Nantes à Brest et La Vélodyssée®

VÉLO GUIDE

Cartographie

Patrick Mérienne

Editions **OUEST-FRANCE**

MANCHE
CÔTES-D'ARMOR
ILLE-ET-VILAINE
MAYENNE
FINISTÈRE
MORBIHAN
LOIRE-ATLANTIQUE
MAINE-ET-LOIRE
OCÉAN ATLANTIQUE
ROSCOFF
St-Pol-de-Léon
Pont de la Corde
Penzé
Morlaix
Coatelan
Ancienne gare de Kermeur
Ancienne gare de Scrignac
Poullaouen
CARHAIX-PLOUGUER
Le Moustoir
Rostrenen
Brest
Élorn
LANDÉVENNEC
Aulne
Trégarvan
Pleyben
Châteaulin
Cléden-Poher
Port de Carhaix
St-Thois
St-Goazec
Gouarec
Mûr-de-Bretagne
St-Aignan
Neuillac
Pontivy
St-Gérand
Timadeuc
Josselin
Montertelot
Malestroit
Pont-d'Oust
Escapade
Redon
Guenrouët
Le Gâvre
Blain
Nort-sur-Erdre
Sucé-sur-Erdre
NANTES
l'Erdre
Loire
St-Nazaire
Vilaine
Quimper
Odet
Scorff
Blavet
Lorient
Vannes
Dinan
Rance
RENNES
1
2
3
4
5
6
7
8
N
S
E
O

Sommaire

Mode d'emploi 4

> *La Vélodyssée®* 11

Étape 1 :
De Roscoff à Morlaix
(30 km) 12

Étape 2 :
De Morlaix à Carhaix
(46 km) 26

> *Le canal de Nantes à Brest* 45

Étape 1 :
De Landévennec à Pleyben
(45 km) 46

Étape 2 :
De Pleyben à Cléden-Poher
(49 km) 58

Étape 3 :
De Cléden-Poher à Gouarec
(50 km) 70

Étape 4 :
De Gouarec à Saint-Gérand
(50 km) 80

Étape 5 :
De Saint-Gérand à Montertelot
(50 km) 92

Étape 6 :
De Montertelot à Redon
(50 km) 104

Escapade :
**Vélo Promenade®
La Gacilly-Glénac**
(18 km) 114

Étape 7 :
De Redon à Blain
(50 km) 118

Étape 8 :
De Blain à Nantes
(58 km) 130

Adresses pratiques 142

> *La Bretagne à vélo*
Mode d'emploi
Conseils, bons plans, avertissements

L'idée d'un schéma interdépartemental et régional des véloroutes et voies vertes a pris forme en 2001, commandé par la Région Bretagne et l'État, auxquels se sont associés les départements du Finistère, des Côtes-d'Armor, du Morbihan et de l'Ille-et-Vilaine. Depuis cette date, en partenariat avec le département de Loire-Atlantique, les gestionnaires des voies d'eau et les grandes agglomérations, le maillage s'est créé autour de huit grands itinéraires multi-randonnées interconnectés les uns aux autres, sécurisés et balisés : 2 000 km dont au moins 1 000 km en « site propre ». Ces huit grands itinéraires voyagent d'un département, d'un fleuve ou d'un littoral à l'autre. Ils suivent les chemins de halage, les anciennes voies ferrées, les pistes et voies cyclables et les petites routes tranquilles. D'autres voies d'intérêt départemental ou des boucles comme les Vélo Promenades® augmentent les possibilités de séjour et de découverte. Ambitieux, ce projet dépasse les frontières de la Bretagne pour s'ouvrir à celles de l'Europe, avec l'itinéraire La Vélodyssée® et le Tour de Manche. La progression significative de ces aménagements satisfait un véritable phénomène de société autour de la pratique du vélo. C'est aussi le cas de La Vélodyssée®, sur près de 1 400 km tout au long du littoral atlantique, avec une partie dans le sud-ouest de l'Angleterre. En France, l'itinéraire démarre à Roscoff, traverse la Bretagne (en grande partie le long du canal de Nantes à Brest), pour longer ensuite la côte jusqu'à Hendaye.

De Roscoff et Brest à Nantes, par le canal

Découpé en étapes de 32 à 58 km, ce véloguide propose de suivre l'itinéraire historique du canal de Nantes à Brest sur les traces des ducs de Bretagne. Les points de départ sont le port de Roscoff, jonction avec l'Angleterre par les liaisons maritimes, ou l'abbaye de Landévennec, point ultime de l'Aulne avant que le fleuve ne se jette dans la rade de Brest. Jusqu'au pied du château de la duchesse Anne à Nantes, il croise de nombreux sites et villes liés à la généalogie moyenâgeuse des seigneurs princiers qui ont gouverné la Bretagne, comme un fil conducteur de l'histoire de la région. De villes ducales en forteresses, d'abbayes prestigieuses en manoirs, de forêts en sites naturels préservés, le chemin de halage de ce long ruban d'eau de 360 km nous guide et nous incite à nous évader temporairement pour faire des pauses et profiter pleinement de la nature.

Les deux premiers tronçons se rejoignent à Carhaix pour n'en faire plus qu'un jusqu'à Nantes.
De Roscoff à Carhaix, c'est la V7-EV1, dénommée La Vélodyssée®, ancienne voie ferrée qui nous fait rejoindre Morlaix et traverser les Monts d'Arrée, hauts lieux de la Bretagne celtique. Nous sommes au cœur du Parc Naturel Régional d'Armorique.
De Landévennec à Carhaix, depuis ce bout de la terre, ce sont d'abord les chemins de traverse de l'entrée de la presqu'île de Crozon qui permettent de rejoindre Châteaulin. De là, démarre vraiment le chemin de halage de Nantes à Brest sur les bords de l'Aulne canalisé.
Les deux tracés se croisent à Port-de-Carhaix. À partir de là, ils cheminent de concert sur les bords de la voie d'eau, à travers la Bretagne centrale, Guerlédan, Pontivy et le Porhoët, la vallée de l'Oust, la Vilaine, les marais et la vallée de l'Erdre. Le canal s'arrête là. Des aménagements cyclables permettent de rallier le centre de la métropole ligérienne et les bords du grand fleuve.

Conçu pour allier cheminement et découverte, le véloguide alterne :
– les cartes qui permettent à tout moment de se situer sur le parcours, de repérer les services disponibles (parkings, toilettes, aires de pique-nique, gares…), les sites à visiter ou simplement à admirer ;
– le descriptif « pas à pas » de l'itinéraire qui vient en complément de la carte pour rappeler certaines préconisations de sécurité ou préciser des indications de direction, et donner des informations à ne pas manquer le long du chemin ;
– la vision touristique et patrimoniale de l'auteur sur les sites et lieux d'importance traversés par les véloroutes et les voies vertes.

Le découpage du véloguide permet de partir, selon ses propres capacités, pendant 8 à 14 jours.

Prudence et difficulté

Deux types de voies sont utilisés : des voies vertes et des voies partagées.

<u>Les voies vertes sont en site propre</u>, donc interdites à toute circulation motorisée (sauf autorisation spéciale). Il n'en reste pas moins que des traversées de route ou d'agglomération sont nécessaires et que d'autres usagers l'empruntent dans le même sens ou en sens inverse. Des règles de bon sens sont à conseiller :

— Éviter de rouler à plusieurs de front, sauf si la visibilité est suffisamment dégagée.

— Ne pas se comporter comme sur une piste d'entraînement ou de compétition. La voie verte reste prioritairement un espace de promenade et de détente.

— Respecter en toutes circonstances la signalisation, notamment aux intersections.

— Rouler de préférence à droite pour faciliter les croisements d'autres usagers.

— Même s'il n'est pas obligatoire, le port du casque est fortement conseillé, de même que les équipements réfléchissants sur le vélo et sur le cycliste.

Les voies vertes ne présentent aucune difficulté car leur déclivité est limitée à 3 ou 4 % maximum.

Les revêtements ne sont pas égaux sur l'ensemble des itinéraires. Des changements parfois brusques peuvent survenir entre un revêtement dur et roulant et une allée plus caillouteuse ou sablée moins compactée.

<u>Les sections en voiries partagées</u>. Sortis de la voie verte, les usagers redeviennent des cyclistes au milieu des autres véhicules. Même s'il s'agit en majorité de petites routes communales, le code de la route et les règles de circulation à vélo s'appliquent pleinement. Les équipements de sécurité prennent encore plus de sens. La difficulté de cheminement peut changer fortement. La Bretagne n'est pas plate ! À certains endroits, il a fallu emprunter des routes à plus forte circulation. Ces portions sont heureusement très exceptionnelles.

Circulation des vélos sur le chemin de halage

La pratique du vélo est donc possible sur l'ensemble du parcours, mais sur certains tronçons, elle engage encore la responsabilité des cyclistes en cas d'accident.

La signalisation

Les panneaux directionnels existent désormais sur toutes les voies vertes officiellement ouvertes. Ils sont conformes à la signalisation nationale (caractères verts sur fond blanc). Un logo des véloroutes et voies vertes de Bretagne vient s'ajouter sur un cartouche supérieur au panneau. Il précise sur quel itinéraire l'on se trouve (EV1, V2, V3, etc., selon que la voie est européenne ou seulement régionale). La Vélodyssée® qui est la partie française de l'EV1 bénéficie d'un logo spécifique.

Toute l'année ?

Oui, en théorie. Ces itinéraires sont praticables toute l'année. On peut tout de même préconiser des conditions plus clémentes, soit en mars ou avril lorsque le printemps s'annonce, en mai et juin lorsqu'il donne toute sa mesure, pendant les mois d'été jusqu'à fin septembre, et en octobre ou novembre à l'automne riche en couleurs. Cela n'exclut pas des équipements personnels contre le froid, le vent ou la pluie, et à l'inverse contre la chaleur et les coups de soleil.

La préparation physique, le matériel

L'itinérance à vélo, même à allure promenade, suppose une préparation personnelle tant physique que matérielle.
En fonction des distances totales à parcourir, des capacités des participants, les étapes pourront s'échelonner entre 30 et 70 à 80 km. Deux ou trois jours d'affilée ne sont pas très difficiles. Au-delà, un entraînement physique et un test du matériel sont fortement recommandés. Les vélos les mieux à même de convenir sur les itinéraires bretons sont les VTC (vélo tous chemins). Un équipement personnel de réparation est indispensable.

Venir et se déplacer en Bretagne

Pour réduire l'impact écologique de votre voyage, privilégiez les transports collectifs. Les grandes villes de Bretagne sont desservies par le TGV. Le reste du territoire bénéficie d'un réseau de lignes TER (train ou autocar) et d'un réseau de transports départementaux.

Pour planifier votre voyage, retrouvez toute l'information sur les transports publics en Bretagne sur le site www.breizhgo.com. Dans le TGV, il est possible de transporter gratuitement son vélo (démonté et rangé dans une housse). Certaines rames sont équipées d'un espace dédié (réservation obligatoire). Les trains TER sont équipés de trois à six emplacements vélos, mais sans réservation. Le créneau horaire de 10 h à 16 h est moins fréquenté. Consultez le site www.ter-sncf.com/bretagne. Dans le Finistère, quatre lignes de car embarquent gratuitement les vélos en été (renseignements au 0810 810 029).

Hébergements et étapes

Pour vos étapes, les hébergements Étape Rando Bretagne (fidèles aux critères de la marque nationale Accueil Vélo) vous accueillent à la nuitée, à proximité immédiate des itinéraires (moins de 5 km pour les cyclistes et équestres et moins de 2 km pour les marcheurs). Hôtel, chambre d'hôte, auberge de jeunesse, camping ou gîte d'étape, chacune de ces structures vous offre des équipements et des services adaptés : local vélos, aire de nettoyage, lingerie, transport des bagages, restauration appropriée, informations sur les itinéraires… (voir la liste des adresses en fin de guide).

Loueurs et réparateurs de cycles

Louer un vélo est une solution intéressante pour compléter l'équipement d'un groupe ou être certain d'avoir un moyen de locomotion en bon état et bien équipé. Connaître le réparateur le plus proche de l'itinéraire peut aussi être bien utile en cas de panne imprévue (voir la liste des loueurs et réparateurs de cycles en fin de guide).

Depuis 2009, certains loueurs de vélos travaillent avec la SNCF pour proposer des tarifs réduits aux voyageurs (voir la carte interactive train + vélo sur www.ter-sncf.com/bretagne).

Pour préparer son voyage

• **Comité régional du tourisme**
1 rue Raoul-Ponchon
35069 Rennes Cedex
Tél. : 02 99 36 15 15
www.tourismebretagne.com

• **Canaux de Bretagne**
1 rue Raoul-Ponchon
35069 Rennes Cedex
Tél. : 02 23 47 02 09
www.canauxdebretagne.org

Pour en savoir plus, consultez les guides de découverte *Les canaux de Bretagne*, disponibles sur demande aux adresses ci-dessus ou téléchargeables. Aidez-vous également des cartes interactives en ligne.

• **Côtes-d'Armor Tourisme**
7 rue Saint-Benoît
BP 4620
22046 Saint-Brieuc Cedex 2
Tél. : 02 96 62 72 01
www.cotesdarmor.com

• **Finistère Tourisme**
4 rue du 19-Mars-1962
CS 92005
29018 Quimper Cedex
Tél. : 02 98 76 25 64
www.finisteretourisme.com

• **Comité départemental du tourisme de Haute-Bretagne Ille-et-Vilaine**
5 rue du Pré-Botté
BP 60149
35101 Rennes Cedex 1
Tél. : 02 99 78 47 40
www.bretagne35.com

• **Comité départemental du tourisme du Morbihan**
PIBS-KERINO
Allée Nicolas-Leblanc
CS 82408
56010 Vannes Cedex
Tél. : 02 97 54 06 56
www.morbihan.com

• **Loire-Atlantique Tourisme**
11 rue du Château-de-l'Eraudière
44306 Nantes Cedex 3
Tél. : 0810 044 001
www.ohlaloireatlantique.com

• **La Vélodyssée®**
Pour tout renseignement :
www.lavelodyssee.com

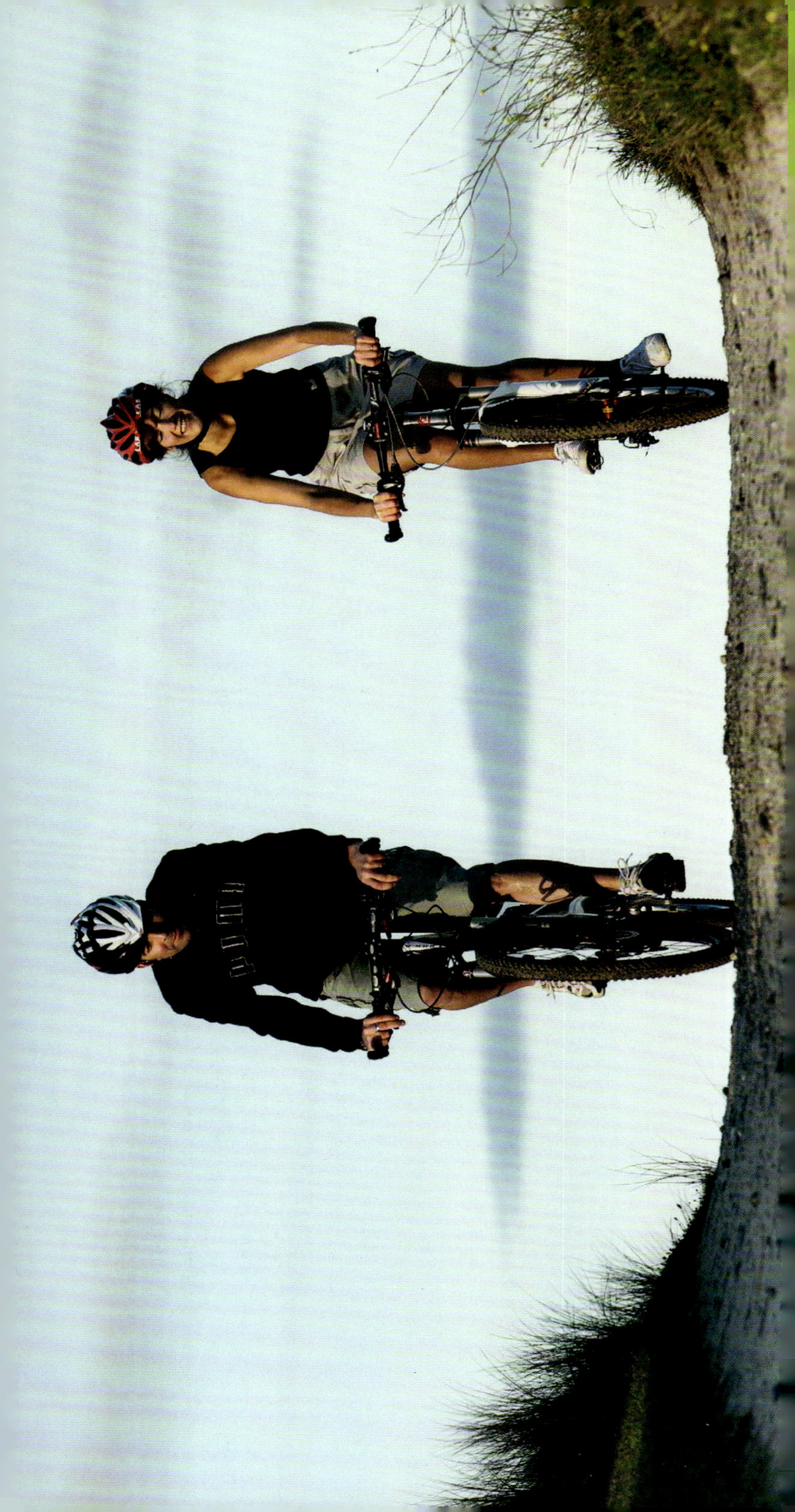

La Vélodyssée®

1400 kilomètres tout au long de l'océan. Depuis la cité marine de Roscoff, entre corsaires, contrebandiers et paysans, jusqu'à Hendaye, autre port au pied des Pyrénées au Pays Basque, les paysages s'enchaînent à notre esprit pour ne plus en sortir. Arrivant du Sud-Ouest de l'Angleterre verdoyant et vallonné, l'Odyssée à vélo s'engage dans les Montagnes de l'Arrée, le long du canal de Nantes à Brest et rejoint la Loire pour un salut passager. Puis Vendée, Charente, îles de Noirmoutier, Yeu, Ré et Oléron, port de La Rochelle, l'Atlantique s'étale en blanc, bleu, orange et ocre… Autre fleuve, autre passage : la Garonne. Les vertes pinèdes girondines puis landaises longent les grandes plages, entre lacs et dunes, et les premiers contreforts apparaissent. Bayonne entre art et histoire précède Hendaye. S'élançant de Roscoff, la première partie rejoint Carhaix, puis le canal à Port-de-Carhaix. À partir de là, l'itinéraire est commun avec le canal de Nantes à Brest.

La Vélodyssée®

30 km

Etape 1
De Roscoff à Morlaix

› C'est un port de commerce, de plaisance et de pêche. C'est un point de départ vers le large… une grande aventure peut commencer. Départs, arrivées, les ferries entrent au port. Ils viennent d'outre-Manche. Une autre aventure se profile. Cyclistes au long cours, parfois lourdement chargés, sortent des cales. Une odyssée à vélo commence ici, jusqu'aux confins de la terre basque. Avant de tutoyer l'océan, il faut d'abord emprunter la voie qui permit de s'en affranchir. Brest se trouve à quelques encablures à l'ouest. Depuis Roscoff, on peut rejoindre les rives du canal vers Nantes. Pour cela, il va falloir traverser les Monts d'Arrée…

Roscoff.

Etape 1 / De Roscoff à Morlaix

Roscoff

Vue sur Roscoff. Photo CRTB

Ville commerciale, cité corsaire, port de contrebande et Petite Cité de Caractère, Roscoff était à l'origine un tout petit village de pêcheurs. Le climat favorable permet un développement autant terrestre que maritime. Sa devise : *A Reï A Skeï Atao* (Cogne dur, cogne fort, cogne toujours). Au chapitre du patrimoine, deux édifices méritent le détour. L'église Notre-Dame de Croas-Batz : fidèle à la tradition du Léon, l'ensemble religieux est composé de deux ossuaires et d'une église fondée au milieu du XVIe siècle par les marchands et armateurs de l'époque. La chapelle Sainte-Barbe veille sur les marins et protège la ville des attaques depuis 1619.

L'activité maritime de Roscoff est variée et complète. Le trafic passager, le nautisme, la thalassothérapie, les loisirs balnéaires côtoient le fret, la pêche et le commerce du poisson. La criée de Roscoff propose des visites guidées et des expositions. La plaisance peut aussi constituer une agréable initiation avec le Centre nautique. Quant aux bienfaits pour la santé, le premier centre de thalassothérapie créé en France fut celui de Roscoff, grâce aux travaux du docteur Louis Bagot en 1899. Il a ensuite attiré les premiers pratiquants pour les bains de mer et la villégiature de ce nouvel engouement touristique.

Porz Kernok
Rupodou
Roc'higou
Île de Batz
Jardin Georges Delaselle
Station biologique
Capitainerie
Pointe de Bloscon
Roscoff
M
1,8 km
Gare
Port du Bloscon
1
Ruguel
D 769
D 58
Jardin exotique
RADE DE MORLAIX
L'Aber
3,7 km
Santec
Kerradénec
D 58
Trofeunteun
2
P
Île Callot
Manoir de Kersaliou
2,2 km
St-Pol-de-Léon
Keragon
D 75
D 769
N
O
E
S
0
0,5
1 km
Roscoff
Morlaix
Guingamp
St-Brieuc
Poullaouen
Carhaix-Plouguer
FINISTÈRE
CÔTES-D'ARMOR
MORBIHAN

Etape 1 / De Roscoff à Morlaix

① Depuis le port en eau profonde du Bloscon qui assure les liaisons vers Plymouth (Grande-Bretagne), Cork et Rosslare (Irlande), un aller-retour de 3 km permet de passer un moment dans la cité de Roscoff.

Office de tourisme de Roscoff
Quai d'Auxerre - 29680 Roscoff
Tél.: 02 98 61 12 13
www.roscoff-tourisme.com

◆ Deux compagnies assurent les passages transmanche :

Brittany Ferries
Tél.: 0825 828 828
www.brittany-ferries.fr

Irish Ferries
Tél.: 0810 001 357
www.irishferries.com

◆ C'est aussi la possibilité, avant le vrai départ, de découvrir le paysage léonard autrement : un circuit appelé « Le Léon à fer et à flots » vous emmène en train et bateau, guidés et commentés, de mai à septembre.

À Fer et à Flots
Tél.: 02 98 62 07 52
www.aferetaflots.org

◆ La grande traversée commence le long de la voie ferrée, près du jardin exotique et non loin des plages de Grande Grève ou de Traon Erc'h. Neuf plages abritées s'étalent sur 14 km de littoral. L'ambiance balnéaire nous accompagne vers la commune suivante : Saint-Pol-de-Léon.

② Arrivé à la plage de Kersaliou, au niveau du parking, une petite remontée permet d'atteindre le manoir éponyme. Témoin de l'aisance des propriétaires de la région, l'un d'entre eux y avait logé son fermier pour s'en construire un autre !

La cathédrale Saint-Paul-Aurélien.

Etape 1 / De Roscoff à Morlaix

Tro Breiz : les chemins du paradis ?

La légende dit que tout Breton qui fait le Tro Breiz est certain de gagner le Paradis. Par contre, ceux qui ne le font pas de leur vivant devront le faire après leur mort en avançant chaque année de la longueur de leur cercueil ! Au Moyen Âge, le Tro Breiz désignait le pèlerinage en l'honneur des Sept Saints Fondateurs de la Bretagne. Le pèlerin allait s'incliner sur les tombeaux des évêques fondateurs : Brieuc et Malo dans leur ville, Samson à Dol-de-Bretagne, Patern à Vannes, Corentin à Quimper, Pol Aurélien à Saint-Pol-de-Léon et Tugdual à Tréguier. Les anciens statuts du chapitre de la cathédrale de Rennes accordaient autant d'importance à ce pèlerinage qu'aux voyages de dévotion faits à Rome, Jérusalem ou Saint-Jacques-de-Compostelle. Ce qui est certain c'est que le Tro Breiz n'est pas une marche comme les autres, il se singularise par son tracé circulaire en sept étapes. Le pèlerin du Tro Breiz n'a pas un lieu à gagner, mais une boucle à boucler. En reliant les sept villes fondées par les saints qu'il est venu honorer, il encercle un territoire pour le sacraliser. Par ce geste, il remonte le fil de l'histoire, tout en orientant de manière décisive sa propre aventure. A l'image de la pérégrination des moines fondateurs de la Bretagne, le Tro Breiz est pour lui un cheminement en quête du Paradis. Un morceau de Tro Breiz, pour peu qu'il soit suffisamment long et qu'on ne passe pas son temps à courir, se transforme nécessairement en aventure spirituelle. Le Tro Breiz historique se faisait en un mois ou plus. Il n'est guère facile aujourd'hui d'accomplir d'une traite les 600 km du périple. Le mot Tro Breiz est une appellation du XIXe siècle qui provient du breton Tro (tour) et Breiz (Bretagne). De la même façon que Breiz s'écrit aussi Breizh, Tro Breiz peut aussi s'écrire Tro Breizh. L'écriture « Tro Breiz » est souvent utilisée à l'ouest de la Bretagne (Léon et Trégor). Ailleurs c'est plutôt l'écriture « Tro Breizh » qui s'impose. En fait, la véritable appellation est « Pèlerinage des Sept Saints de Bretagne ». C'est l'appellation qu'on retrouve dans tous les textes du Moyen Âge.

Source : www.trobreiz.com

Saint Patern.

Etape 1 / De Roscoff à Morlaix

Saint-Pol-de-Léon

La ville fait référence au moine gallois Pol Aurélien, né en 490 et arrivé en Bretagne vers 517. Comme de nombreux religieux gallois ou irlandais, il accompagnait probablement des princes et des populations celtes qui fuyaient l'invasion des îles Britanniques et accomplissaient en retour un voyage fait par leurs ancêtres dans l'autre sens. Sa tâche fut donc d'évangéliser et d'organiser la vie en paroisses, et de fonder un maximum de « communautés » qui prendront alors comme référence pour la chapelle, l'église ou le village, le nom du saint homme.

L'arrivée de ces populations ne se faisait pas sur des terres vierges : à Saint-Pol, on trouve encore des vestiges du néolithique ainsi que des traces d'une enceinte gallo-romaine. Saint-Pol devient vite, dès le VIe siècle, le siège épiscopal de l'évêché du Léon qu'elle conserve jusqu'à la Révolution. De cette longue période, naissent des traditions, des monuments, un patrimoine incomparable. Puis une centaine d'années de déclin frappèrent la cité avant que le chemin de fer, en 1883, donne une nouvelle envolée économique et commerciale, grâce aux cultures légumières.

Le patrimoine architectural de la ville est un fleuron. Parmi les ruelles où l'on découvre des lavoirs, des fontaines, des maisons nobles, des églises et chapelles, des manoirs, des jardins, se trouve la maison prébendale. Elle fut à l'origine la maison d'un chanoine fortuné et bien né, Olivier Richard, qui tirait ses revenus de rentes ecclésiastiques (appelées prébendes). Il la fit construire en 1530 avec un cloître qui la relie à la cathédrale.

La cathédrale Saint-Paul-Aurélien date de la fin du XIIIe siècle. Elle est inspirée de l'architecture et utilise des matériaux que l'on retrouve à Caen en Normandie. Elle abrite une nef de 84 m de long pour 16 m de haut, des grandes orgues remarquables, soixante-six stalles en chêne dans le chœur (XVIe siècle). Édifice classé aux monuments historiques, elle serait pourtant presque escamotée, vue de l'extérieur de la ville, par la tour qui la domine.

D'ailleurs, cette tour domine toutes les autres de Bretagne ! Elle est la plus haute de la région avec 77 m. Clocher de la chapelle Notre-Dame du Kreisker, elle fut détruite et reconstruite plusieurs fois, en s'inspirant de la flèche de Saint-Pierre de Caen. Sa hauteur servait, entre autres, aux marins pour se repérer. Un escalier étroit de 163 marches mène au clocher. Elle fut le lieu de rassemblement des ordres de la ville.

Photo Michel Bonduelle

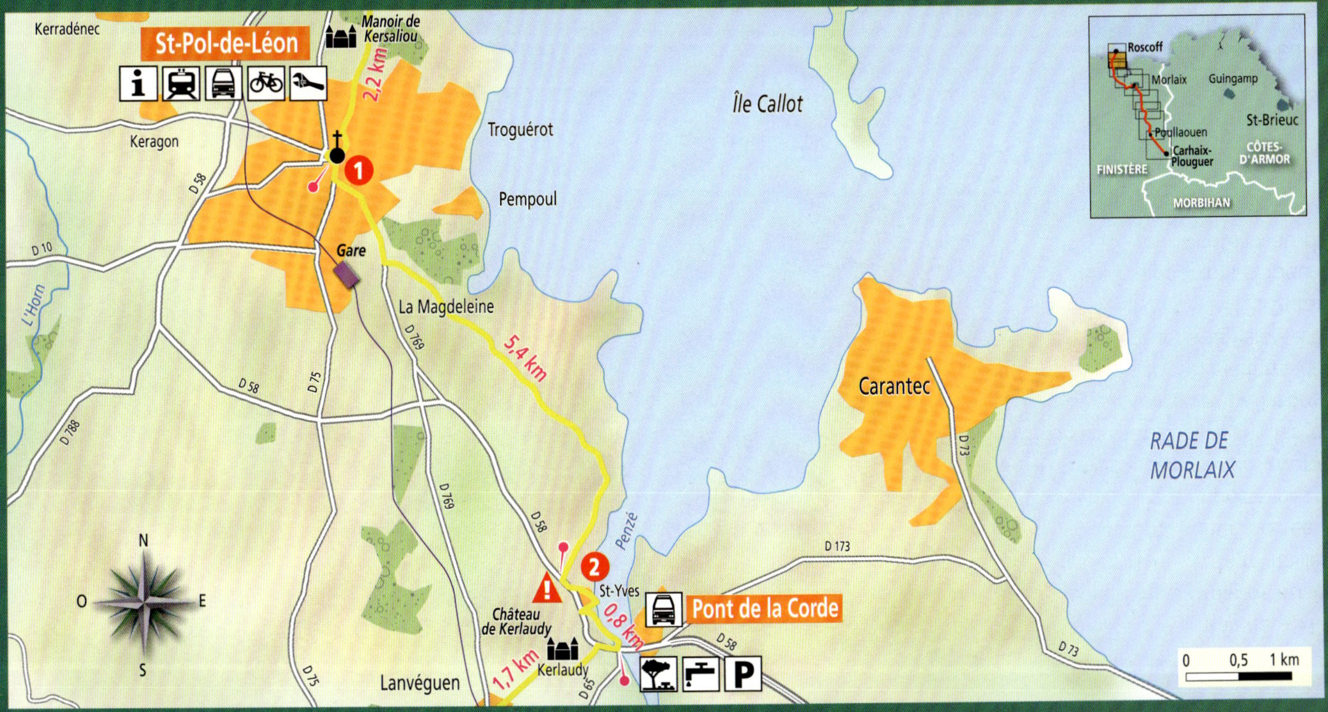
St-Pol-de-Léon
Kerradénec
Manoir de Kersaliou
2,2 km
Keragon
Troguérot
Pempoul
Gare
Île Callot
Roscoff
Morlaix
Guingamp
St-Brieuc
Poullaouen
Carhaix-Plouguer
FINISTÈRE
CÔTES-D'ARMOR
MORBIHAN
D 58
D 10
L'Horn
La Magdeleine
D 769
5,4 km
D 75
D 788
Carantec
D 73
RADE DE MORLAIX
Penzé
D 173
St-Yves
Pont de la Corde
Château de Kerlaudy
Kerlaudy
0,8 km
1,7 km
Lanvéguen
D 65
N
O
E
S
0
0,5
1 km

Étape 1 / De Roscoff à Morlaix

De Saint-Pol-de-Léon au pont de la Corde

❶ *Saint-Pol-de-Léon (cf. page 17) : Commerces, location et réparation de vélos restauration, gare ferroviaire et routière.*

◆ Les images caractéristiques de la ville, hissée au rang de ville historique par l'Union des Villes d'Art et d'Histoire de Bretagne, sont liées au patrimoine religieux et à la tradition économique qui place Saint-Pol en tête des productions légumières. Mais il ne faudrait pas oublier la station balnéaire et l'ouverture formidable sur la mer.

◆ Les plages d'où sont partis pendant des siècles des bateaux vers l'Amérique, la jetée qui relie l'îlot Sainte-Anne et qui a servi de protection bienveillante aux navires, soit contre le gros temps, soit contre la piraterie, les infrastructures qui permettent au nautisme d'offrir la quasi-totalité des activités liées à la mer, et les lieux-dits le long de la côte qui portent des noms évocateurs (Tahiti, Petit Nice), voilà un aperçu de la vocation maritime de Saint-Pol-de-Léon.

*Office de Tourisme
de Saint-Pol-de-Léon
Tél. : 02 98 69 05 69
www.saintpoldeleon.fr*

◆ Quittons l'ambiance maritime et laissons derrière nous la flèche de 77 m de haut de la tour de la chapelle du Kreisker.

❷ Avant d'arriver à Kerlaudy, un lieu-dit s'appelle Saint-Yves. Il a connu une histoire militaire

La chapelle du Kreisker à Saint-Pol-de-Léon.

originale ! À partir de 1917, les sous-marins allemands attaquent tous les bateaux de ravitaillement qui passent à leur portée dans la Manche. La riposte des Alliés consiste à déployer des hydravions armés pour surveiller les côtes. Basés à Camaret et Tréguier, le Centre d'aviation maritime déploie une antenne sur la Penzé à Saint-Yves, de 1918 à 1919. Durant un an, les équipements et logements coloniseront le coteau au-dessus de la rivière. Il reste encore deux slipways et un château d'eau en ciment, au milieu d'un champ.

◆ Le fléchage de la V7-EV1 (Roscoff-Concarneau, Eurovélo Route 1) nous amène à l'entrée du Pont.

Etape 1 / De Roscoff à Morlaix

Carantec, station balnéaire

De petit port de pêche, la bourgade est passée au statut de lieu de villégiature en 1900. Très vite, la réputation du site va lui donner une renommée nationale. Carantec fait face à Saint-Pol-de-Léon séparées par l'estuaire de la Penze, et au Cairn de Barnenez, de l'autre côté de la rade de Morlaix, dont elle assure la « garde » par les phares de l'île Louët et l'île Noire. Celui de l'île Noire est un phare posé sur un rocher submersible à marée haute. Quant à l'île Louët, il fait émerger sa silhouette blanche et noire 16 m au-dessus du niveau de l'eau. Entre les deux phares, une île abrite le château du Taureau, visitable depuis avril 2009, en fonction

Le château du Taureau veille sur la baie de Morlaix.

des marées. Une autre île, l'île Callot, est accessible par une chaussée submersible (renseignez-vous sur les heures de marées !).

Sur la côte, essayer de repérer la « Chaise du Curé » où, dit-on, le curé de Carantec venait lire son bréviaire.

Barnenez

C'est l'ensemble mégalithique le plus impressionnant d'Europe. Un cairn de 75 m de long, pour 5 m de large comprenant onze tombes à couloir. Il est daté de - 4 500 ans (sédentarisation de l'homme qui devient éleveur-agriculteur) pour les parties en dolérite, et - 3 700 ans pour les parties en granite. Qualifié de « Parthénon de la Préhistoire » par André Malraux, il fut sauvé de justesse dans les années 1950 pour échapper à une exploitation de carrière.

Etape 1 / De Roscoff à Morlaix

Le maraîchage

Traditionnellement, des rivalités existaient entre Léonards et Cornouaillais. Si le sud du département était orienté vers la pêche, le nord était plutôt agricole. Il profite entre autre de sols fertiles avec des apports prélevés sur place grâce au domaine maritime. La ville de Saint-Pol est traditionnellement considérée comme la capitale de cette « ceinture dorée ». Cette zone de terres est constituée de loess sablonneux sur plusieurs mètres d'épaisseur, enrichis de matières organiques tirées de la mer. Sa productivité atteint des records au moins égaux à ceux des Pays-Bas. C'est là qu'est concentrée une grande partie de certaines cultures maraîchères françaises, comme l'artichaut (première production française), le chou-fleur, la tomate ou les oignons roses dont Roscoff a fait une AOC (Appellation d'Origine Contrôlée).

L'artichaut « Camus de Bretagne » est la variété la plus consommée, l'autre variété est le violet de Provence, ou poivrade.

Le Léon a fait preuve d'innovation dans l'amendement des terres avec des compléments de goémon, ou encore dans les regroupements de producteurs et les lieux de vente appelés « marchés au cadran ».

Figure emblématique de cette période, Alexis Gourvennec (1936-2007), exploitant et syndicaliste agricole, crée en 1961 la coopérative du Léon. Puis, sur sa lancée, il convainc les autorités d'améliorer le réseau routier et de créer un port en eau profonde à Roscoff. Pour impulser le trafic, il crée la Brittany Ferries grâce à des capitaux agricoles...

En moins de cinquante ans, ce territoire considéré comme pauvre, devient l'un des plus réputés à l'échelle de l'Europe. Aujourd'hui, la mondialisation fait son œuvre et les agriculteurs du Léon continuent de se battre pour leur terre et leurs produits. Une des actions des agriculteurs, digne de leur mentor : le financement d'un bateau de course au nom de leur marque, pour attirer l'attention sur les problèmes de concurrence insurmontable des pays émergents.

Artichauts.

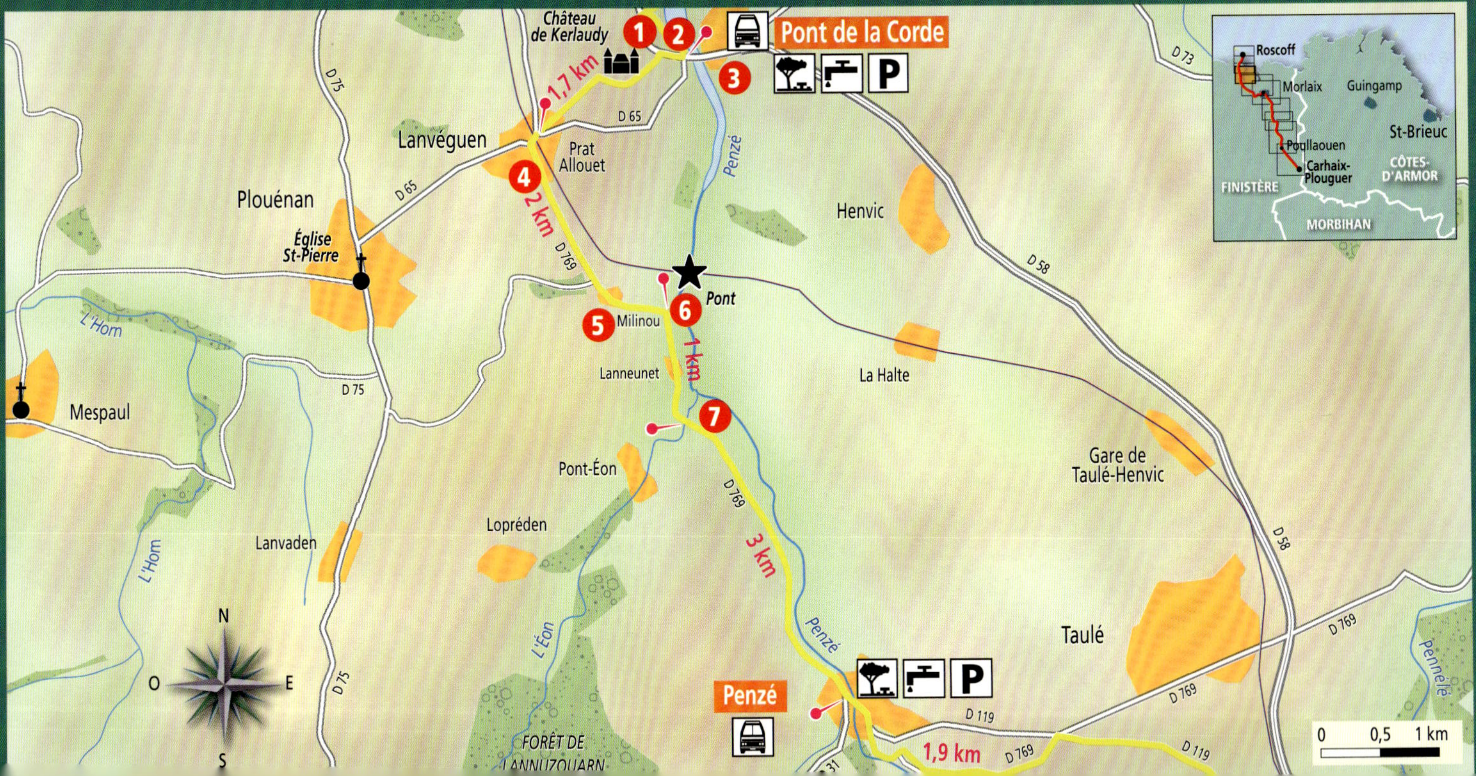
Pont de la Corde
Château de Kerlaudy
1,7 km
Lanvéguen
Prat Allouet
D 65
D 75
Plouénan
Église St-Pierre
D 769
2 km
Milinou
Pont
1 km
Lanneunet
Henvic
La Halte
D 58
D 73
Mespaul
L'Hom
Pont-Éon
Lopréden
Lanvaden
L'Éon
Penzé
3 km
Gare de Taulé-Henvic
Taulé
D 119
1,9 km
FORÊT DE LANNUZOUARN
N
O
E
S
Pennélé
0
0,5
1 km
Roscoff
Morlaix
Guingamp
St-Brieuc
Poullaouen
Carhaix-Plouguer
FINISTÈRE
CÔTES-D'ARMOR
MORBIHAN

Etape 1 / De Roscoff à Morlaix

Du pont de la Corde à Penzé

① Avant la traversée de la route, sur la gauche en haut de la colline, se trouve le château de Kerlaudy. Bâti au XVe siècle, reconstruit au XVIIIe par la famille du Dresnay, ses cinq cheminées émergent encore de la végétation qui recouvre aussi les anciennes dépendances et les restes d'un jardin exotique.

② *Pont de la Corde* : parking, pique-nique, fontaine et banc en pierre.

③ De l'autre côté du fleuve, à partir du rond-point, une route permet de rejoindre Carantec (cf. page 20).

Cultures maraîchères du Léon. CRT Bretagne © Jean-Charles Pinheira

④ Tourner à gauche vers Prat Allouet.

⑤ Descendre le vallon vers Milinou.

⑥ À la sortie du village, nous avons un point de vue sur le pont de chemin de fer. Conçu en 1882 par l'ingénieur Lebrun, sa technique reprend celle de la tour Eiffel : le fer puddlé. Tout l'ensemble est riveté pièce par pièce. La pose d'un rivet chauffé à rouge nécessitait quatre personnes.

⑦ Après Lanneunet, nous sommes proches de Pont-Éon. Le lieu était réputé pour ses vanniers tandis que le chef-lieu Plouénan comptait de nombreux sabotiers. La route se poursuit sur la RD 769 jusqu'à Penzé.

◆ *Penzé* : parking, aire de pique-nique, toilettes, restauration, arrêt de car.

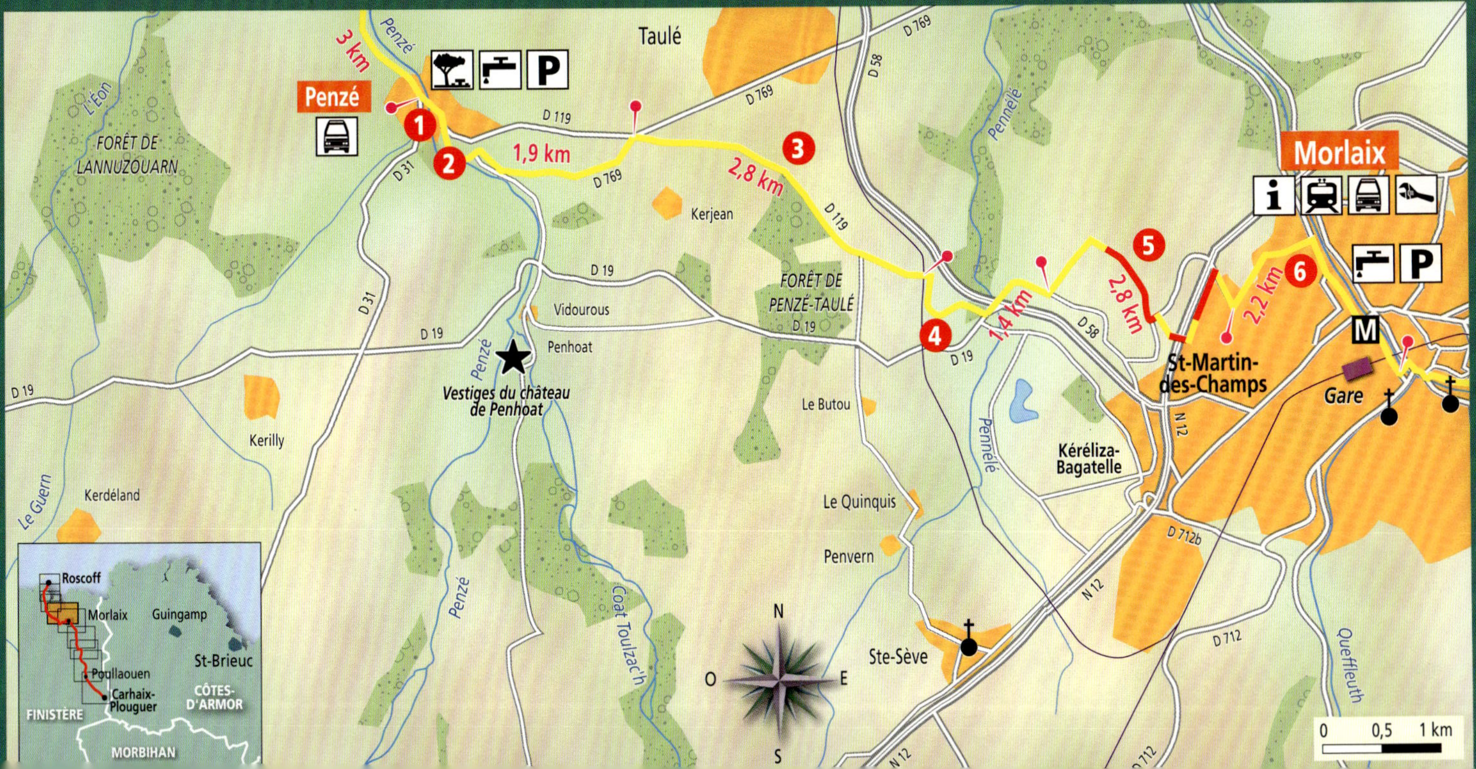
Penzé
3 km
Taulé
1,9 km
2,8 km
2,8 km
1,4 km
2,2 km
Morlaix
St-Martin-des-Champs
Gare
Kéréliza-Bagatelle
FORÊT DE LANNUZOUARN
FORÊT DE PENZÉ-TAULÉ
Kerjean
Vidourous
Penhoat
Vestiges du château de Penhoat
Le Butou
Le Quinquis
Penvern
Ste-Sève
Kerilly
Kerdéland
L'Éon
Le Guern
Pennélé
Coat Toulzac'h
Queffleuth
D 119
D 769
D 58
D 31
D 19
N 12
D 712b
D 712
Roscoff
Morlaix
Guingamp
St-Brieuc
Poullaouen
Carhaix-Plouguer
FINISTÈRE
CÔTES-D'ARMOR
MORBIHAN
0 0,5 1 km

Étape 1 / De Roscoff à Morlaix

De Penzé à Morlaix

1 Penzé fut longtemps plus important que Taulé, son chef-lieu actuel. Les gabarres transportant sable, céréales, engrais maritimes, remontaient jusqu'à son port pour décharger. Le centre de vie tournait autour de ses hôtelleries, ses minoteries, ses foires célèbres... Encore aujourd'hui, la remontée en bateau de plaisance est un exercice de style parfois pittoresque...

2 On quitte à regret la rivière pour atteindre la RD 769.

◆ La Penzé : petit fleuve côtier qui arrive tout droit de Roc'h Trédudon dans les Monts d'Arrée. Alimentant de nombreux moulins, il est traversé par deux ouvrages remarquables : le viaduc ferroviaire de la Penzé, de 219 m de long, à 40 m de hauteur qui laisse passer la ligne Morlaix-Roscoff, et le pont de la Corde, pont routier pour la liaison Morlaix - Saint-Pol. En aval du bourg de Penzé, le cours d'eau s'élargit considérablement. Pour les pêcheurs, c'est une bonne rivière à truites dont les plus beaux spécimens atteignent 28 à 30 cm.

3 Suivre la RD 769 et virer à droite sur la RD 119. Nous longeons un moment la forêt de Penzé-Taulé. Pour les amateurs, la grimpe d'arbres, activité récente, originale, et pleine de sensations (sujets au vertige s'abstenir !) est un moyen de mieux connaître l'écosystème forestier et de voir les arbres sous un angle inhabituel.

4 Après la voie ferrée, tourner à droite, aller au rond-point, traverser la RD 58 puis le rond point et virer à gauche vers Porz Braz.

5 Avant le hameau, à Bot Balan, tourner à droite. Rejoindre la route et aller vers Morlaix. Traverser une passerelle au-dessus de la RN 12 et prendre à gauche le long de la route nationale. Aller jusqu'à une route et tourner à droite. Au 2e rond point, descendre à gauche.

6 Entrer dans le centre de Morlaix par le quai du Léon et traverser la ville jusqu'à la mairie.

Maison du Tourisme et de la Baie de Morlaix et Monts d'Arrée
35 place du Bourgeoisie
29620 Plouégat-Guerrand
Tél. : 02 98 79 92 920
www.tourisme-morlaix.fr

Office de tourisme
Place des Otages
29600 Morlaix
Tél. : 02 98 62 14 94
morlaix@tourisme.morlaix.fr

L'hôtel de ville de Morlaix.

La Vélodyssée®

46 km

Etape 2
De Morlaix à Carhaix

› Traverser les Monts d'Arrée n'est jamais anodin. Les « montagnes » de la Bretagne offrent le condensé de tout le substrat celtique de l'héritage du vieux massif. S'aventurer dans les terres, traverser les landes et les forêts, suivre les traces du loup, se jouer de l'Ankou, croire aux lutins et aux korrigans, se recueillir devant les trésors de l'architecture religieuse, se laisser aller à rêver aux paysages communs des deux côtés de la grande mer, comme s'ils n'en faisaient qu'un… Loc, Lann (ermitage, lieu sacré), Tré et Plou (trêve, paroisse)… Menez, Roc'h, Bré, Brenn (montagne, roc, colline), rien n'est jamais Gwen (blanc) ou Du (noir), nous venons du pays de la mer (Arvor) pour arriver au pays des bois (Argoat).

Morlaix, un exceptionnel patrimoine architectural.

Etape 2 / De Morlaix à Carhaix

Morlaix, entre cité du commerce et place forte

Frontière entre Léon et Trégor, Morlaix est localisée à la confluence de deux rivières, en fond de baie. Port de commerce, ville fortifiée, elle est marquée dans son histoire tantôt par sa position stratégique et les convoitises militaires, tantôt par la richesse de son commerce et de son agriculture.

« S'ils te mordent, mords-les ». Telle est la devise de la ville. Aucun rapport entre l'impératif et le nom de la ville... Son nom vient de « Mont » et de « relais ». Ville pacifique de nature, elle dut répondre aux attaques, en particulier des Anglais en 1522. Le village se bâtira autour d'un château, construit par un seigneur de Tréguier, sur une colline surplombant la confluence des rivières du Jarlot et du Queffleuth, à la convergence de sept voies romaines. Morlaix devient vite un enjeu entre les comtes du Léon et le duché de Bretagne jusqu'à son rattachement à la fin du XIIIe siècle. Il y avait à Morlaix une collégiale Notre-Dame dont la tour était plus haute que celle de Saint-Pol-de-Léon, et un couvent des jacobins (classé Monument historique), fondé par des dominicains dans un manoir. C'est là que résidèrent des personnalités comme Anne de Bretagne, ou Marie Stuart, et que s'y réunirent à trois reprises les états de Bretagne.

Du Moyen Âge, Morlaix garde de magnifiques maisons à pans de bois, ainsi que des curiosités uniques : les maisons à pondalez. Ce sont des maisons à plusieurs étages, qui possédaient une cour intérieure fermée et couverte dans laquelle un escalier à vis permettait d'accéder aux étages eux-mêmes desservis par des passerelles ou galeries.

La ville était construite à l'embouchure de deux rivières, le Queffleuth et le Jarlot. Foires et marchés étaient réputés, marchandises rares ou précieuses étaient transformées, exportées. En 1522, les bateaux anglais débarquent des troupes déguisées en commerçants et ouvriers. Le massacre dure vingt-quatre heures avant que la riposte ne s'organise. À partir de ce moment, il fut décidé de surveiller et protéger l'entrée de la baie. La construction d'une forteresse en baie de Morlaix commença, financée par les commerçants de la ville : le château du Taureau.

Du XVIIe au XIXe siècle, Morlaix connaît une prospérité économique accentuée par l'arrivée du chemin de fer et la construction du viaduc. Un théâtre à l'italienne est construit en 1888.

Cette sous-préfecture du Finistère et sa chambre de Commerce et d'Industrie gèrent des équipements comme le port de plaisance de Morlaix, le port et la criée de Roscoff, l'aéroport de Morlaix-Ploujean, ou le château du Taureau.

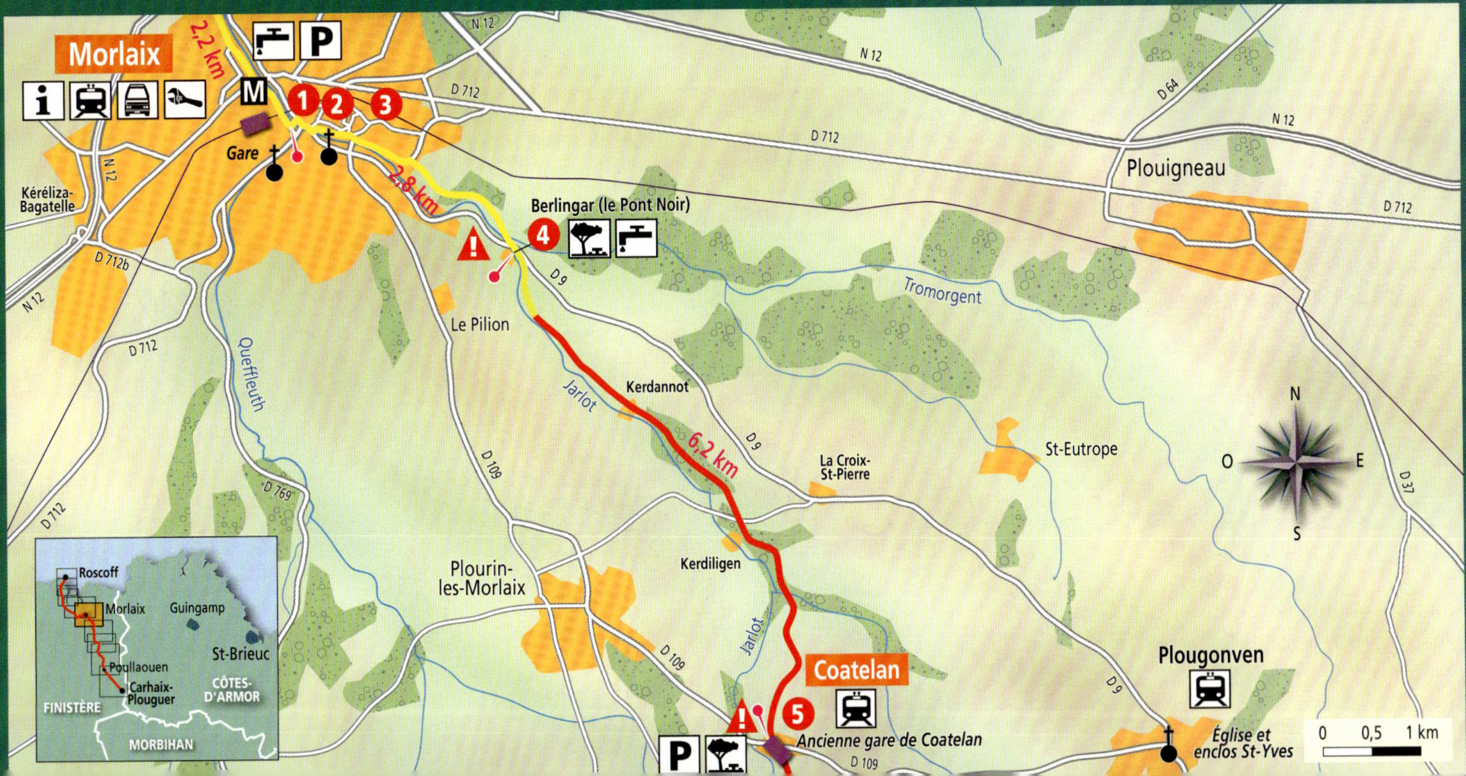

Morlaix

- 2,2 km
- 2,8 km
- 6,2 km

Plouigneau

Plougonven
Église et enclos St-Yves

Coatelan
Ancienne gare de Coatelan

Berlingar (le Pont Noir)

Le Pilion
Kerdannot
Kerdiligen
La Croix-St-Pierre
St-Eutrope
Tromorgent
Jarlot
Queffleuth
Plourin-les-Morlaix
Kerélizia-Bagatelle

0 0,5 1 km

CÔTES-D'ARMOR
St-Brieuc
Guingamp
Roscoff
Morlaix
Poullaouen
Carhaix-Plouguer
FINISTÈRE
MORBIHAN

Étape 2 / De Morlaix à Carhaix

De Morlaix à Coatelan

◆ *Morlaix (cf. page 27) : commerces, restauration, gare ferroviaire et routière, parking.*

◆ *Saint-Martin-des-Champs : réparation de vélos.*

◆ Un espace VTT « Morlaix Monts d'Arrée » propose 9 circuits, 3 points de départ, 180 km, et 3 niveaux de difficulté. Il est relié à Morlaix par la voie verte. Se renseigner auprès de l'Office de tourisme de Morlaix.

1 Après la mairie, tourner à gauche vers la place des Viarmes. Longer la rue du fil jusqu'au musée.

2 Passer devant le musée et prendre l'allée de Poan Ben le long du Jarlot. Traverser le rond point vers la place du Pouliet.

3 Continuer sur la rue du Moulin de la Chèvre, passer devant les dernières maisons et laisser la route vers le moulin pour prendre un chemin en face qui rejoint la voie verte. Suivre la voie verte à droite vers le Pont Noir.

4 *Le pont Noir : aire de pique-nique, abri, toilettes, point d'eau, parking.*

◆ Traverser la route RD 9. À partir de ce point, une longue montée s'amorce, d'abord en pente douce le long du Jarlot.

5 Entre deux belles rangées d'arbres, après avoir dépassé deux moulins, nous atteignons la gare de Coatelan.

Maisons de la rue au Fil à Morlaix.

Etape 2 / De Morlaix à Carhaix

Les enclos paroissiaux

L'enclos paroissial de Guimiliau.

Particularité architecturale du Léon, un enclos paroissial est un lieu consacré au culte religieux. On y trouve l'église, son cimetière, un muret d'enceinte avec une porte triomphale, un ossuaire, et un calvaire, c'est-à-dire une croix à personnages qui raconte les principaux événements de l'histoire sainte. Le contexte économique et social de la Bretagne de 1450 à 1700 permet d'expliquer cette concentration de trésors patrimoniaux, dans des provinces travailleuses, assez riches, une domination civile de l'autorité religieuse, et un sentiment de repentance et de dévotion. La pierre de Kersanton et les sculpteurs de l'époque seront à la disposition des conseils de fabrique, administrateurs civils de la paroisse. Le cimetière est exigu ? Un ossuaire accueillera ossements et reliques. Les paroissiens oublient d'entrer dans l'église ? On « exporte » la bonne parole, le calvaire est un livre d'images très détaillé... On y accède par le porche triomphal, lieu de passage que l'on retrouve aussi dans la civilisation celtique. Parmi les plus imposants, on peut citer : Saint-Thégonnec, Guimiliau et Lampaul-Guimiliau, sans oublier Sizun, Pleyben, Commana, La Martyre, Plougonven...

Office de tourisme du Pays de Landivisiau et des Monts d'Arrée
Tél. : 02 98 68 33 33
www.ot-paysdelandivisiau.com

Étape 2 / De Morlaix à Carhaix

Les landes du Cragou

Constitués de landes et de tourbières, ce sont des espaces naturels remarquables, labellisés par les partenaires : Bretagne Vivante SEPNB, le Conseil général du Finistère, et le Conseil régional de Bretagne. Ainsi, elles abritent de nombreuses espèces protégées : busard Saint-Martin, busard cendré, courlis cendré, engoulevent d'Europe pour la faune, et lycopode, sphaignes et rossolis pour la flore. Différents modes de gestion y sont expérimentés. Ce sont les agriculteurs qui ont repris du service pour la fauche des 300 ha de Vergam, tandis que des poneys dartmoor et des vaches nantaises assurent l'entretien du Cragou. Des animations éducatives et un sentier de découverte et d'interprétation permettent de mieux connaître ces milieux.

Courlis cendré.

Le Cloître-Saint-Thégonnec

Petite commune à cheval entre Trégor et Léon. Du coup, l'habitat est plutôt de type léonard alors que l'église est de style trégorois.
Le musée du Loup est un équipement culturel du Parc Naturel Régional d'Armorique. Le loup ? Au Cloître-Saint-Thégonnec ? La dernière prime pour l'abattage d'un loup en Bretagne fut octroyée ici en 1884. Un musée pour un animal encore vivant…

Musée du Loup
Le Bourg
29410 Le Cloître-Saint-Thégonnec
Tél. : 02 98 79 73 45
www.museeduloup.fr

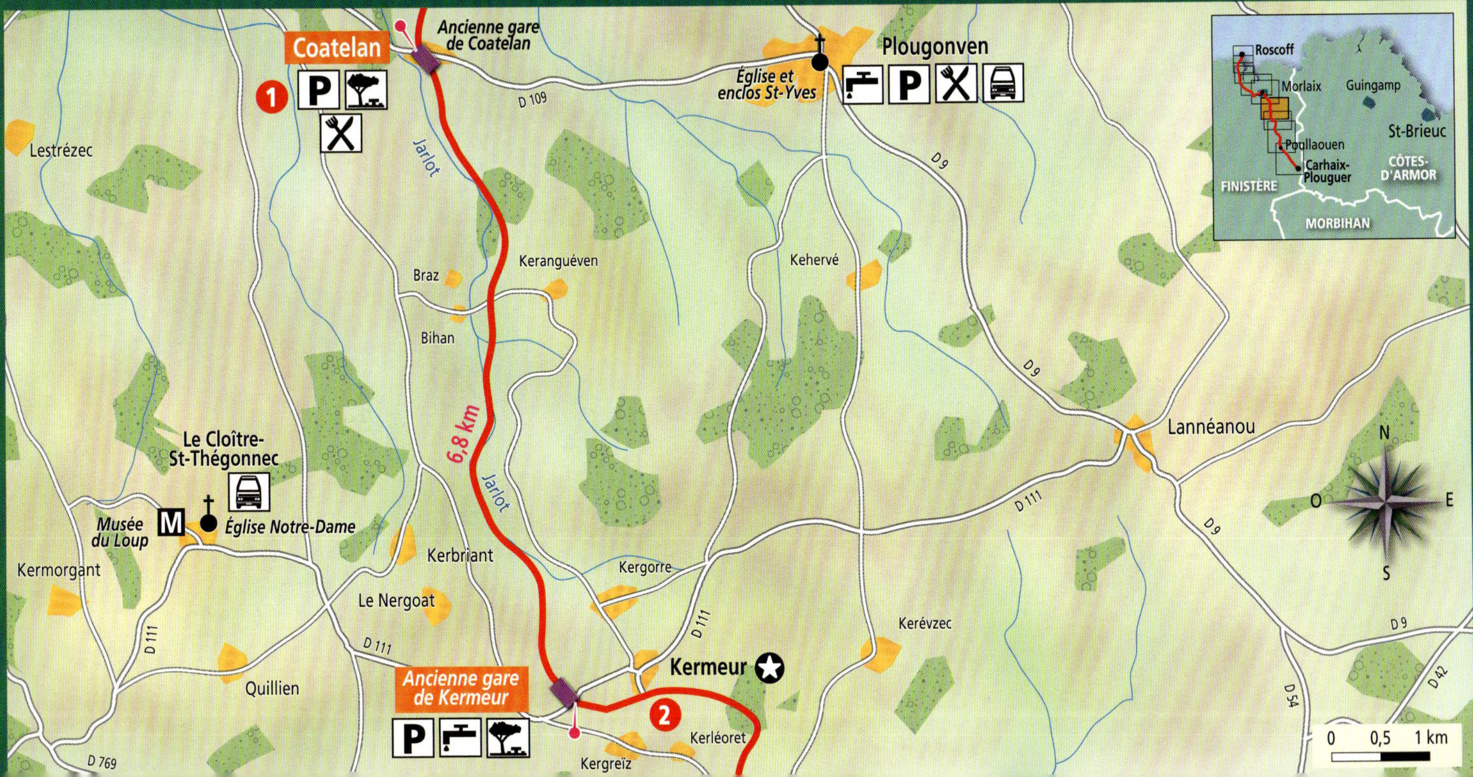

Coatelan
1
Ancienne gare de Coatelan
Plougonven
Église et enclos St-Yves
D 109
Lestrézec
Jarlot
D 9
Braz
Keranguéven
Kehervé
Bihan
6,8 km
Le Cloître-St-Thégonnec
Lannéanou
Musée du Loup
M
Église Notre-Dame
D 111
Kerbriant
Kermorgant
Kergorre
Le Nergoat
Kerévzec
Kermeur
Quillien
Ancienne gare de Kermeur
2
Kerléoret
Kergreïz
D 769
D 54
D 42
N
E
S
O
0
0,5
1 km
Roscoff
Morlaix
Guingamp
St-Brieuc
Poullaouen
Carhaix-Plouguer
FINISTÈRE
CÔTES-D'ARMOR
MORBIHAN

Étape 2 / De Morlaix à Carhaix

De Coatelan à Kermeur

❶ Profitant d'un léger replat, l'arrivée à la gare de Coatelan est saluée par le « Bistrot de la Gare ». C'est une halte fortement conseillée (terrasse, jeux, bar, restauration, accès handicapé).

◆ *Gare de Coatelan : aire de pique-nique, restauration, arrêt de car, parking.*

◆ Depuis Coatelan, la voie verte suit quasiment en permanence le ruisseau du Jarlot, et ne le quitte qu'à partir de l'ancien moulin de Cuzuliec, sous l'imposante butte de Goariva. La montée est toute en longueur, le plus souvent ombragée, sur la commune de Plougonven.

◆ D'un côté Plougonven (enclos paroissial Saint-Yves de Plougonven : église, chapelle, calvaire, et ossuaire, XVIe siècle), de l'autre Plourin (devenu Plourin-les-Morlaix). Les maisons bourgeoises, ou petits manoirs, sont le signe de la prospérité de ces paroisses entre 1450 et 1650. C'est d'abord l'industrie du lin, puis l'évolution vers les moulins à papier qui enrichissent la région autour du port de Morlaix. C'est aussi une entrée dans le Pays du Léon ou les traditions sont vivaces. Le Léon sera administré par un évêque-comte à partir du XIIe siècle, régi et organisé par l'autorité religieuse tandis que le reste de la Bretagne vit le Moyen Âge des seigneurs. Réputés travailleurs, pieux, et fiers, les Léonards aiment à se différencier de leurs voisins du Trégor ou de Cornouaille.

❷ La fin de cette longue montée s'annonce à l'arrivée de la gare de Kermeur.

◆ *Ancienne gare de Kermeur : abri, aire de pique-nique, parking.*

◆ Qui dit 12 km de montée, dit presque autant de descente... après l'effort le réconfort !

La gare de Coatelan. Photo Maison du Tourisme Baie de Morlaix Monts d'Arrée

Musée du Loup
M
Église Notre-Dame
Le Cloître-St-Thégonnec
Kermorgant
Quillien
Kerbriant
Le Nergoat
Kergorre
6,8 km
D 111
Ancienne gare de Kermeur
P
1
2
Kermeur
Kerléoret
Kergreïz
Bouillard
Penmerguès
Kervézec
D 9
D 42
D 54
D 769
N
O
E
S
Lannouedic
9,1 km
Kersauz
Kertanguy
Scrignac
Squiriou
Kerrain
Kernon
Roche Tanguy
FORÊT DOMANIALE ST-AMBROISE
Ancienne gare de Scrignac
3
Pont ar C'houssic
Kernévez
0
0,5
1 km
Roscoff
Morlaix
Guingamp
St-Brieuc
Poullaouen
Carhaix-Plouguer
FINISTÈRE
CÔTES-D'ARMOR
MORBIHAN

Etape 2 / De Morlaix à Carhaix

De Kermeur à Scrignac

❶ En sortant du plateau de la gare, nous passons sous le magnifique pont en pierre en forme d'arche (RD 111). D'un côté, la route emmène vers Lannéanou (6,5 km au nord-est), de l'autre, nous pouvons rejoindre Le Cloître-Saint-Thégonnec (4,3 km).

◆ À ce point haut, nous sommes au sommet d'un col. Pas très spectaculaire (225 m. d'altitude), mais nous allons rejoindre le point bas à 114 m pendant 9 km soit une pente moyenne de 1,25 % avec les trois premiers kilomètres à 2,2 %. Un régal en roue libre sous le couvert forestier !

❷ Cela dit, si l'environnement boisé est magnifique, nous ne voyons pas à droite les rochers du Cragou, tandis que de l'autre côté s'étalent les étendues de landes sèches ou humides et de tourbières composant la réserve naturelle du Cragou.

nécessitent des conditions de sol et de climat. Les roches imperméables comme le schiste ou le granit, l'abondance et la stagnation des précipitations, la décomposition des matières organiques et la relative douceur du climat sont favorables à leur création. Milieux inhospitaliers et emprunts de mystère, ils ont souvent donné lieu à des histoires, contes et légendes.

◆ Les landes sèches sont souvent liées à l'action humaine. Elles se composent de bruyères, de callunes, et d'ajoncs. N'ayant plus de fonction agricole, elles doivent être entretenues par l'homme pour être préservées. Les landes humides caractéristiques des hauteurs des Monts d'Arrée présentent la particularité d'abriter des sphaignes (mousses). Les tourbières, pour se développer,

◆ Les landes du Cragou se trouvent sur la commune du Cloître-Saint-Thégonnec (cf. page 31) et font partie du Parc Naturel Régional d'Armorique (cf. p. 36).

❸ À l'approche du bas de la descente, après avoir vaincu la ligne de crête des plus hauts sommets des Monts d'Arrée, la voie verte longe le ruisseau du Squiriou et, devenant un chemin plutôt roulant, entre en gare de Scrignac.

Les landes du Cragou.

Etape 2 / De Morlaix à Carhaix

Le Parc naturel Régional d'Armorique

Deuxième parc naturel régional de France en 1969, le Parc d'Armorique présente quatre ambiances emblématiques de la Bretagne : les crêtes rocheuses des Monts d'Arrée, l'Aulne maritime, la presqu'île de Crozon, et les îles gardiennes de la mer d'Iroise face au grand large. Grâce à une charte d'adhésion, les communes (39 communes, 4 communes associées et 1 commune extérieure) qui le composent participent à travers un syndicat mixte à diverses missions de préservation et de transmission du patrimoine naturel et culturel.
Il gère des équipements comme le parc de Menez Meur, des sites patrimoniaux, des maisons de site, des musées, ou des lieux d'accueil…

Dans ses objectifs prioritaires, le Parc a inscrit la gestion et le maintien de la qualité de la ressource en eau, la gestion durable de ses paysages. Il s'investit également dans la protection des espèces menacées ou en voie de disparition, ou dans la réintroduction d'espèces dans les milieux : le castor, la loutre, le saumon, la truite, les dauphins, les phoques, les oiseaux. Enfin, il s'emploie à maintenir la grande diversité de la flore et de la botanique terrestre et littorale. Les visiteurs trouveront des équipements et services pédestres, cyclistes, équestres ou nautiques…

Parc Naturel Régional d'Armorique
Tél. : 02 98 81 90 08
www.pnr-armorique.fr

La chapelle Saint-Michel de Brasparts.

Etape 2 / De Morlaix à Carhaix

Huelgoat

La forêt de Huelgoat et ses chaos granitiques.

Site étonnant et diversifié... Son histoire ? Probablement situé sur l'ancienne voie romaine, le camp d'Artus aurait pu abriter un camp ou un village gallo-romain. Artus ? Brocéliande n'est pas loin... le Moyen Âge non plus. Huelgoat (la « forêt du haut » en breton) était un domaine ducal, puis royal. Site industriel grâce aux mines de plomb argentifère, le lieu reste assez hétéroclite pour attirer depuis le début du XXe siècle une clientèle internationale de touristes britanniques, allemands ou hollandais... Son secret ? Peut-être une alchimie entre l'arbre celtique, la pierre vénérée, et l'eau, source de la vie.
Cataclysme géant, blocs enchevêtrés les uns sur les autres, comme ce « champignon » ou cette roche tremblante, le chaos du Moulin, le gouffre de la Rivière d'argent, la grotte du Diable... Le lac (15 ha) fut créé à partir du XVIe siècle pour alimenter les mines de Berrien et Locmaria-Berrien. Les activités d'extraction étaient maîtrisées par des ingénieurs allemands qui vinrent s'y installer. Commune du Parc Naturel Régional d'Armorique, une base VTT a été créée en 2008 (6 boucles, 130 km), le grand rassemblement des Roc'h des Monts d'Arrée s'y déroule chaque année, et la forêt de 1 000 ha compte de nombreux sentiers.

Office de tourisme d'Huelgoat
Tél. : 02 98 99 72 32
www.tourismehuelgoat.fr

Roscoff
Morlaix
Guingamp
St-Brieuc
Poullaouen
Carhaix-Plouguer
FINISTÈRE
CÔTES-D'ARMOR
MORBIHAN
Scrignac
Guénéguen
Lémézec
La Mine
Poullaouen
Aulne
FORÊT DOMANIALE DE FREAU
3,4 km
Pont-ar-Gorret
Ancienne gare
Beurc'hoat
1,3 km
FORÊT DOMANIALE DE HUELGOAT
7,8 km
Kervalo
St-Amboise
FORÊT DOMANIALE ST-AMBROISE
Locmaria-Berrien
Ancienne gare de Scrignac
Pont ar C'houssic
Roche Tanguy
Ty-ar-Gall
Rivière d'Argent
Lannouedic
Kerrain
Kertanguy
9,1 km
Squiriou
FORÊT DOMANIALE ST-AMBROISE
FORÊT DOMANIALE DE HUELGOAT
D 114
D 42
D 769
D 154
D 236
D 764
D 769a
N
O
E
S
0
0,5
1 km

Etape 2 / De Morlaix à Carhaix

De Scrignac à Poullaouen

◆ *Gare de Scrignac : aire de pique-nique, toilettes, point d'eau, arrêt de car, parking.*

❶ La gare a été construite à mi-chemin sur la RD 42 entre Scrignac et Berrien pour desservir les deux localités.

◆ Scrignac voudrait dire « lieu rocailleux ». Commune à vocation agricole, ses événements marquants ont souvent été exacerbés entre les anticléricaux et les fervents croyants. À l'ouest, par la RD 42, ce sont les Monts d'Arrée. On rejoint Berrien, puis la Feuillée, puis le bassin du lac de Brennilis pour découvrir les paysages grandioses des plus hauts sommets (385 m).

❷ Après avoir rejoint l'Aulne à Pont-ar-Gorret, nous traversons le pont de la Rivière d'argent (qui vient du Huelgoat. Elle fait référence aux mines, dont plusieurs étaient situées à Locmaria-Berrien) et nous arrivons à l'ancienne gare reconvertie en station hippomobile. La commune de Locmaria-Berrien a la particularité d'être constituée pour moitié de bois, forêts et landes.

◆ L'Aulne (140 km) possède une partie maritime de 18 km soumise à l'influence des marées. En amont, le fleuve est canalisé jusqu'à Pont-Triffen (jonction avec l'Hyères).

❸ Délaissant le cours d'eau, nous longeons la RD 769 pour monter vers Poullaouen.

Crêtes et vallons.

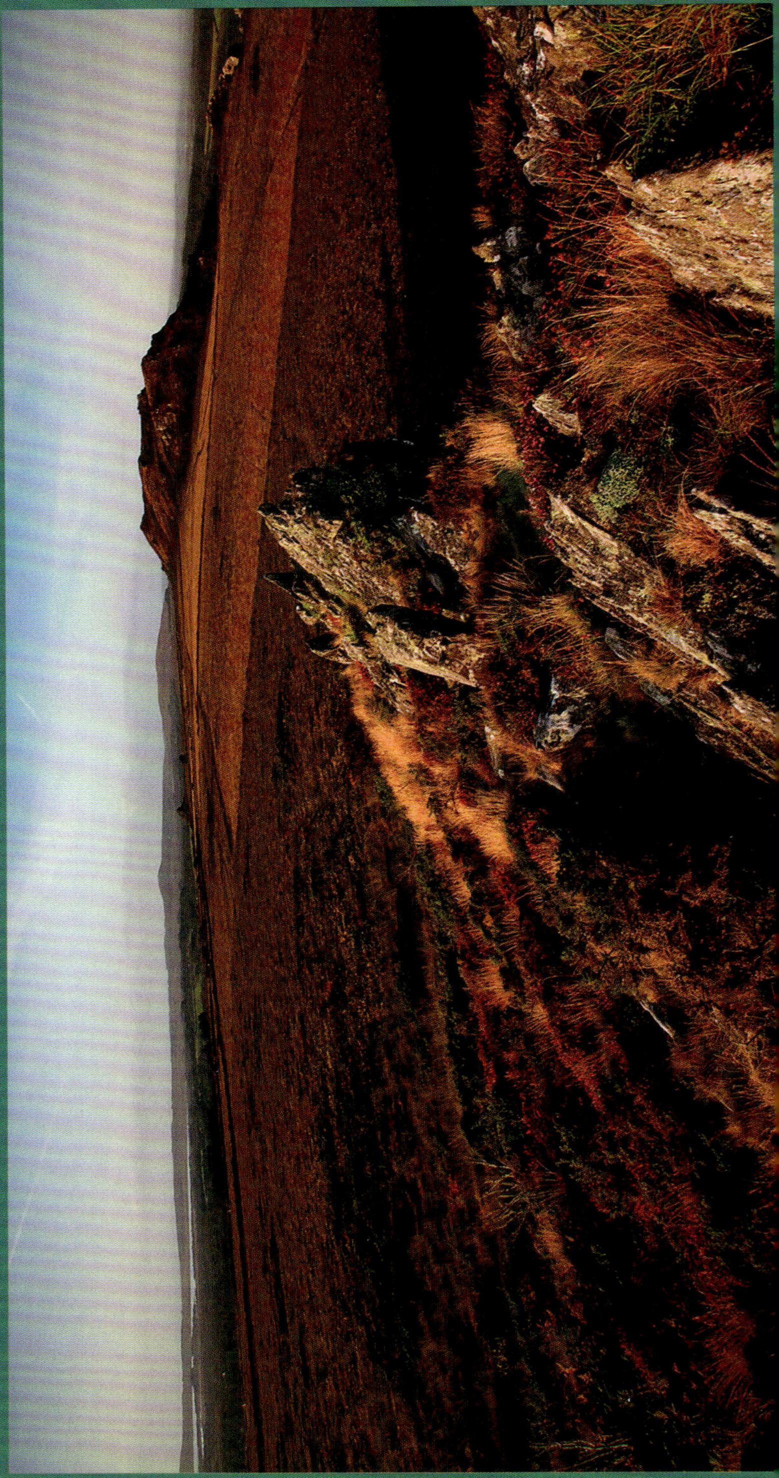

Etape 2 / De Morlaix à Carhaix

Les Monts d'Arrée

Les Monts d'Arrée, c'est une frontière que l'on dépasse, un passage vers un ailleurs… Derrière les pierres dressées et saillantes sur les crêtes, on voit une forteresse. Derrière le masque figé des façades des églises et des calvaires, il y a un dragon. Au plus profond des tourbières s'agitent les korrigans et les poulpiquets, et lorsque les eaux s'écoulent en cascade sur la roche, c'est le voile d'une dame blanche qui flotte au vent…

Monter au sommet de Saint-Michel-de-Brasparts pour sentir le vent, voir le plus loin qu'on peut… S'aventurer sur le chemin au milieu du Yeun Elez, porte de l'enfer, longer les crêtes pour atteindre un pic acéré, pénétrer dans l'enclos paroissial, et se sentir observé de tous côtés par ce granit immobile… Impossible de citer tous les endroits à découvrir. Parmi eux, il y a l'église de Saint-Herbot, Sizun et son enclos paroissial, le parc animalier à Ménez Meur, Saint-Rivoal et la maison Cornec, l'abbaye du Relecq et le village du Mengleuz près de Plounéour-Ménez, Pleyben et Brasparts, Commana et l'allée couverte du Mougau, Roch Trédudon et Roch Trévézel, Botmeur au-dessus du lac de Brennilis…

Aux moulins de Kerouat à Commana, faites une halte éducative pour comprendre la vie d'antan à travers le village réhabilité avec ses deux moulins à eau, et ses habitations. Et puis impossible de partir sans aller faire une balade sur la lande et les rochers. Marcher sur le chemin qui monte au Tuchen Kador (384 m). Embrasser d'un regard tous les sommets alentour et, par temps clair, voir jusqu'à la rade de Brest. Un ressourcement. Un monde à part… se retrouver de l'autre côté de l'Ailleurs…

Une mélodie qui surgit, un air entraînant, une voix, un visage, pas d'âge…

« Vous tous qui êtes là qui m'écoutez, si le cœur vient à vous manquer, si le quotidien vous paraît gris, sachez qu'il est un pays où vous devrez vous battre avec le vent et la pluie mais chaque jour sera une aventure et puis, vous trouverez ce dont vous rêvez… où ça ? Là-bas dans les Monts d'Arrée ! » Patrik Ewen, *Berceuse pour les vieux enfants*, 1992.

Landes et tourbières.

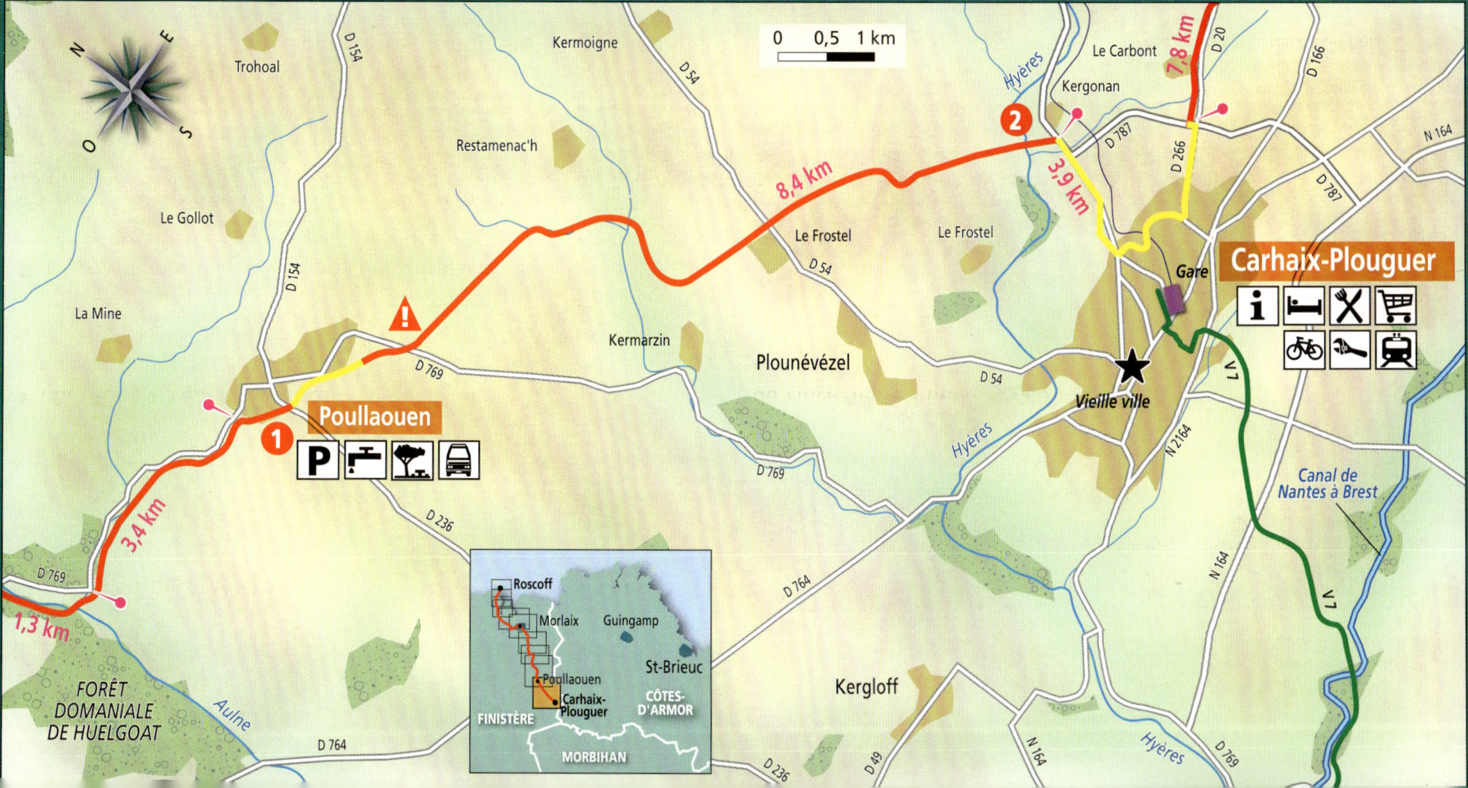

N
E
S
O
0 0,5 1 km
Trohoal
Kermoigne
Restamenac'h
Le Gollot
La Mine
Kermarzin
Plounévézel
Le Frostel
Le Frostel
Le Carbont
Kergonan
Kergloff
Poullaouen
Carhaix-Plouguer
Gare
Vieille ville
FORÊT DOMANIALE DE HUELGOAT
Aulne
Hyères
Hyères
Hyères
Canal de Nantes à Brest
V7
V7
V7
1,3 km
3,4 km
8,4 km
3,9 km
7,8 km
1
2
D 154
D 154
D 54
D 54
D 54
D 769
D 769
D 769
D 769
D 236
D 236
D 764
D 764
D 49
D 20
D 166
D 787
D 787
D 266
N 164
N 164
N 164
N 2164
Roscoff
Morlaix
Guingamp
St-Brieuc
Poullaouen
Carhaix-Plouguer
FINISTÈRE
CÔTES-D'ARMOR
MORBIHAN

Etape 2 / De Morlaix à Carhaix

De Poullaouen à Carhaix

❶ Après le contournement du bourg de Poullaouen, nous arrivons sur le plateau de l'ancienne gare en dessous du terrain de foot.

◆ Poullaouen : abri ; toilettes, aire de pique-nique, restauration, arrêt de car, parking.

◆ La commune de Poullaouen est aussi connue pour ses mines de plomb argentifère découvertes de longue date mais surtout exploitées à partir du XVIIe siècle, en même temps que celles du Huelgoat et de Locmaria-Berrien. L'ancienne voie romaine servait à effectuer les transports d'un site à l'autre, ou vers le nord et la côte. Enfin, l'histoire retient de Poullaouen une révolte des Bonnets Rouges particulièrement virulente avortée par la mort du meneur au château de Ty Meur au sud-ouest du bourg.

❷ Après la traversée de la RD 769, nous filons dans une succession de larges courbes pour atteindre le pont sur l'Hyères et la bordure de la RD 787 qui va nous permettre d'entrer dans Carhaix et de continuer sur la V7 jusqu'à Port-de-Carhaix (chemin de halage du canal). À cet endroit, La Vélodyssée® rejoint le canal de Nantes et Brest (descriptif dans cet ouvrage à partir de la page 73). Suivre le fléchage Vélodyssée®.

◆ Carhaix, un carrefour. Cité gallo-romaine, centre économique et commerçant (foires), ville médiévale, elle est au milieu du Finistère (le « penn ar bed », le bout du monde), le lieu qui dessert tous les alentours.

À voir :
→ Les anciens ponts en pierre (Petit Carhaix, moulin Meur), ancienne collégiale Saint-Trémeur, maison du sénéchal, anciens couvents, réserve archéologique, chapelle Sainte-Anne, châteaux et manoirs (Kerampuilh et Kerniguez).

→ Cité natale de Théophile Malo Corret de La Tour d'Auvergne, officier grenadier des armées révolutionnaires, puis des troupes napoléoniennes (1743-1800).

→ Les Vieilles Charrues (3e week-end de juillet) depuis 1992 : premier festival musical de France et d'Europe (230 000 personnes en 2009). Clin d'œil aux Vieux Gréements, il s'est imposé avec le passage chaque année d'artistes bretons, français et de renommée mondiale.

La rue Auguste-Brizeux à Carhaix.

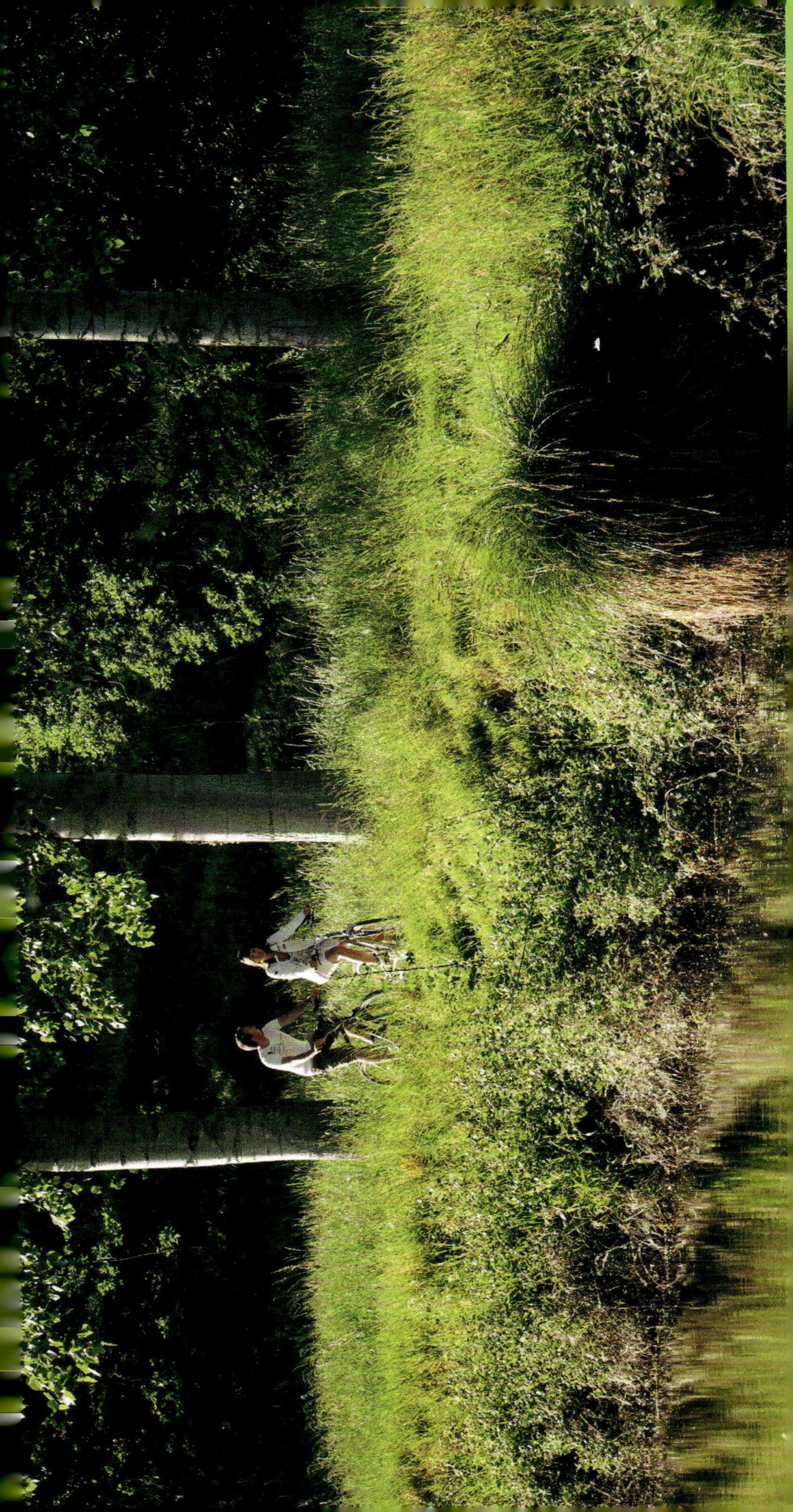

Le canal de Nantes à Brest

À l'odyssée répond l'épopée. Un défi géographique, territorial, technique, culturel et historique, digne des plus grands travaux de l'Histoire. Relier Nantes, solidement tenu par la France, à Brest, proue fragile, bloquée au large par la Royal Navy. Contourner l'obstacle de l'océan dominé par l'ennemi héréditaire tout en restant sur l'eau... Une trentaine d'années seront nécessaires pour franchir les trois lignes de partage des eaux, aménager les fleuves et rivières, calculer l'approvisionnement en eau de chaque éclusage, allant chercher les sources à plus de 60 km par des rigoles. Des hommes qui creusent, des hommes qui meurent, des péniches et des chevaux qui remontent le canal, une histoire qui s'écrit, une œuvre humaine qui reste. Le canal de Brest à Nantes ouvre grand l'Odyssée atlantique. Les deux premières étapes rejoignent Port-de-Carhaix, au croisement avec la V7 – EV1 et Vélodyssée®. Ensuite, l'itinéraire est commun vers Nantes avec La Vélodyssée®.

Le Canal de Nantes à Brest

45 km

Étape 1
De Landévennec à Pleyben

› Le canal de Nantes à Brest… nous avons pris l'habitude de le nommer ainsi et cela influence souvent notre choix du sens de circulation. Les guides le décrivent souvent de Nantes vers Brest, de l'est vers l'ouest… Pourtant, il peut se faire indifféremment dans les deux sens. Si l'on passe dans les mêmes endroits, on ne voit pas forcément les mêmes choses. Élançons-nous du bout du monde pour rejoindre la cité des ducs de Bretagne au bord du grand fleuve, 360 km plus loin. Un périple nous attend. Que dis-je ? Une odyssée !

Rosnoën, la vallée de l'Aulne à l'aube.

Etape 1 / De Landévennec à Pleyben

Des voies navigables reliées entre elles

Lorsque les premières hypothèses voient le jour pour relier Nantes, port de transit et liaison avec le cœur de la France par la Loire, à Brest, navire immobile à la pointe occidentale de l'Europe, colosse aux pieds d'argile, c'est précisément parce qu'une Marine prestigieuse est capable de paralyser les bases navales de la Royale. Dès le règne de Louis XIV, on avait songé, face aux difficultés de circulation terrestres, à utiliser les cours d'eau navigables pour approvisionner et ravitailler Brest. Il faudra un blocus de trop aux portes de la rade pour que la décision soit prise : de Nantes à Brest par un canal.

Mais pas sur toute la longueur, l'Erdre, l'Isac, l'Oust, le Blavet, l'Aulne sont navigables. Il faudra « simplement » les canaliser sur une partie de leur longueur. Et puis, il reste à les joindre entre elles. Tâche énorme. On sait le résultat. Le canal proprement dit va de Châteaulin à Nort-sur-Erdre. Vers Nantes, une liaison véloroute est aménagée et se prolonge sur la côte atlantique. Au départ de Brest, les accès sont limités. Par voie d'eau, la rade et l'Aulne sont maritimes. C'est à partir de Landévennec que l'on retrouve une ambiance de cours d'eau. Parti pris donc de démarrer de l'ancienne abbaye du bout du monde, lieu de magie et de sérénité, à l'entrée d'une voie historique et touristique.

L'Aulne maritime. Photo Pierrick Gavaud

Etape 1 / De Landévennec à Pleyben

La rade de Brest

Sitôt passé Landévennec et le cimetière de navires, l'Aulne s'élargit considérablement. Entre la baie de Daoulas et l'anse de Poulmic, la rade prend de l'importance. Elle abrite de nombreux habitats naturels protégés qui ont justifié son classement partiel en zone Natura 2000. Mais l'environnement de la rade est encore dominé par la présence de la Marine nationale avec l'École navale de Lanvéoc-Poulmic et sa base aéronavale, l'île Longue, site stratégique pour les sous-marins nucléaires français, le fort de Quelern, base d'entraînement des commandos et nageurs de combats, le port militaire et l'arsenal de Brest... Forte de ses 180 km², elle est navigable toute l'année, bien protégée de la haute mer grâce au goulet de Brest. Elle collecte en priorité l'Aulne et l'Elorn dont les bassins versants sont les plus importants, mais aussi la Penfeld, la rivière du Daoulas et la rivière du Faou. Une surveillance importante est mise en place pour prévenir des pollutions diverses (liées à la présence des bateaux ou des dommages causés par les grands conflits).

Côté loisirs, toutes les pratiques nautiques sont possibles. Les croisières de tourisme sont un vrai régal. Il est aussi possible de participer activement en embarquant sur une ancienne gabare de la rade qui peut remonter jusqu'à Châteaulin. Quant à la pêche, le mélange eau douce et eau de mer et les apports de nourriture des estuaires permettent de trouver de l'anchois, du bar, de la dorade. D'autres espèces plus exotiques sont présentes comme le sar, le baliste ou le poisson-lune.

Landévennec, la rade.

Etape 1 / De Landévennec à Pleyben

L'abbaye de Landévennec

Nous sommes juste avant l'an 500. Un moine breton, Guénolé, arrive avec onze disciples dans un lieu protégé des vents dominants, tourné vers le soleil levant, ceinturé de hautes falaises boisées, à l'embouchure d'une grande rivière qui devient déjà une petite mer… Il fonde un monastère qui va croître et prospérer. Les comtes de Cornouaille prendront les moines sous leur protection, les aideront à installer d'autres prieurés. Landévennec resplendit alentour. En 913, rien n'arrête les Vikings. Ils saccagent et pillent le monastère. Les moines s'exilent. Puis ils reviennent. L'abbaye retrouve son lustre, s'agrandit, se modernise. Le Moyen Âge devient un âge d'or jusqu'à la guerre de Cent Ans et celle de succession au trône du duché de Bretagne. Les Anglais ravagent le site. Les guerres de la Ligue ne l'épargnent pas. Et ce sera la Révolution française qui en aura raison définitivement. Dans les années 1950, une nouvelle abbaye est reconstruite. Un espoir renaît. Les bénédictins s'installent. Depuis, des fouilles archéologiques ont eu lieu. Elles ont mis au jour les vestiges de la première abbaye et donnent une lecture chronologique des différentes étapes de la vie mouvementée des lieux. Un musée retrace l'histoire du site. Un jardin de simples a été recréé tel qu'il en existait un dans la plupart des monastères.

Accolé, le petit bourg de Landévennec étage ses maisons sur la colline boisée, déroule ses rues jusqu'à l'eau, telles des venelles marines que l'on trouve dans les villages littoraux bretons. Son église paroissiale date du XVIIe siècle et les arbres exotiques s'accommodent facilement de la situation abritée et ensoleillée.

Landévennec, l'abbaye d'aujourd'hui.

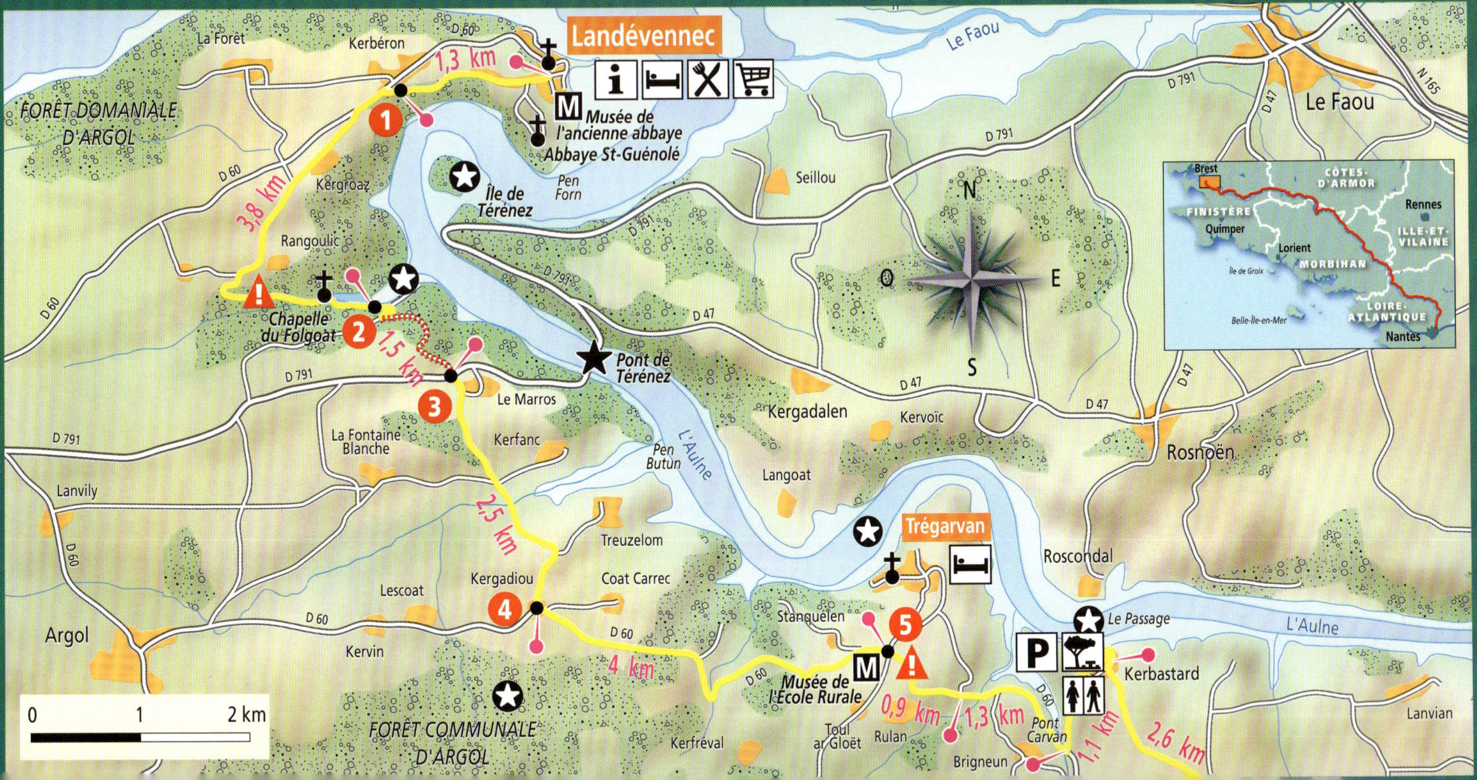

Landévennec
Musée de l'ancienne abbaye Abbaye St-Guénolé
Le Faou
Le Faou
La Forêt
Kerbéron
FORÊT DOMANIALE D'ARGOL
Kergroaz
Rangoulic
Chapelle du Folgoat
Île de Térénez
Pen Forn
Seillou
Pont de Térénez
Le Marros
La Fontaine Blanche
Kerfanc
Pen Butun
L'Aulne
Kergadalen
Kervoïc
Langoat
Rosnoën
Lanvily
Lescoat
Kergadiou
Treuzelom
Coat Carrec
Argol
Kervin
FORÊT COMMUNALE D'ARGOL
Trégarvan
Stanquélen
Musée de l'École Rurale
Kerfréval
Toul ar Gloët
Rulan
Brigneun
Pont Carvan
Roscondal
Le Passage
L'Aulne
Kerbastard
Lanvian
D 60
D 791
D 47
N 165
N
S
E
O
1,3 km
3,8 km
1,5 km
2,5 km
4 km
0,9 km
1,3 km
1,1 km
2,6 km
1
2
3
4
5
0
1
2 km
Brest
CÔTES-D'ARMOR
Rennes
FINISTÈRE
Quimper
Lorient
ILLE-ET-VILAINE
MORBIHAN
Île de Groix
Belle-Île-en-Mer
LOIRE-ATLANTIQUE
Nantes

Étape 1 / De Landévennec à Pleyben

De Landévennec à Trégarvan

◆ *AVERTISSEMENT :*
Cette proposition n'est qu'une suggestion. Chacun peut l'emprunter sous sa propre responsabilité sans que celles de l'auteur et des aménageurs maîtres d'ouvrage ne soient engagées. Jusqu'à Châteaulin, la cohabitation avec les automobiles reste la règle. De plus, nous avons choisi un itinéraire pittoresque, mais au relief accidenté. Certaines côtes feront appel à toute votre énergie.

❶ Bord de la rade. Début de la route. Le calme de l'abbaye. La première montée… première pause : belle vue ! Exceptionnel ! Un court tronçon de la RD 60 et nous descendons à gauche vers Kergroaz. Pente raide, virages, prudence…

❷ Au détour de la dernière épingle à cheveux, la chapelle du Folgoat (XVIIe siècle) précède un bras de l'Aulne à Moulin Mer. Remonter la route quelques mètres pour trouver un chemin sur la droite qui grimpe dans le bois.

❸ Traverser la RD 791. À gauche, on peut faire un aller-retour jusqu'au nouveau viaduc de Terenez.

◆ Avant la Première Guerre mondiale, la traversée de l'Aulne se faisait par bac. En 1925 est achevé un pont suspendu. Miné en 1944, il sera reconstruit en 1952, mais atteint d'une « maladie » du béton qui le fragilise. Le Conseil général du Finistère a décidé de le remplacer par un viaduc courbe à haubans inclinés de 500 m de long mis en service au printemps 2011.

◆ Poursuivre la route puis, au carrefour en triangle, tourner à droite.

❹ À Kergadiou, prendre la RD 60 à gauche pour aller vers Trégarvan.

❺ Au carrefour de la route de Trégarvan se trouve le musée de l'École rurale. Un endroit émouvant où sont reconstituées les petites classes de notre enfance. Pupitres et encriers, planches Deyrolle au mur, cahiers et livres, odeurs de bois ciré, de craie, porte-plume et encre violette, exercices du certificat d'études…

◆ *Trégarvan : hébergement, aire de pique-nique, toilettes.*

Le nouveau viaduc de Terenez.

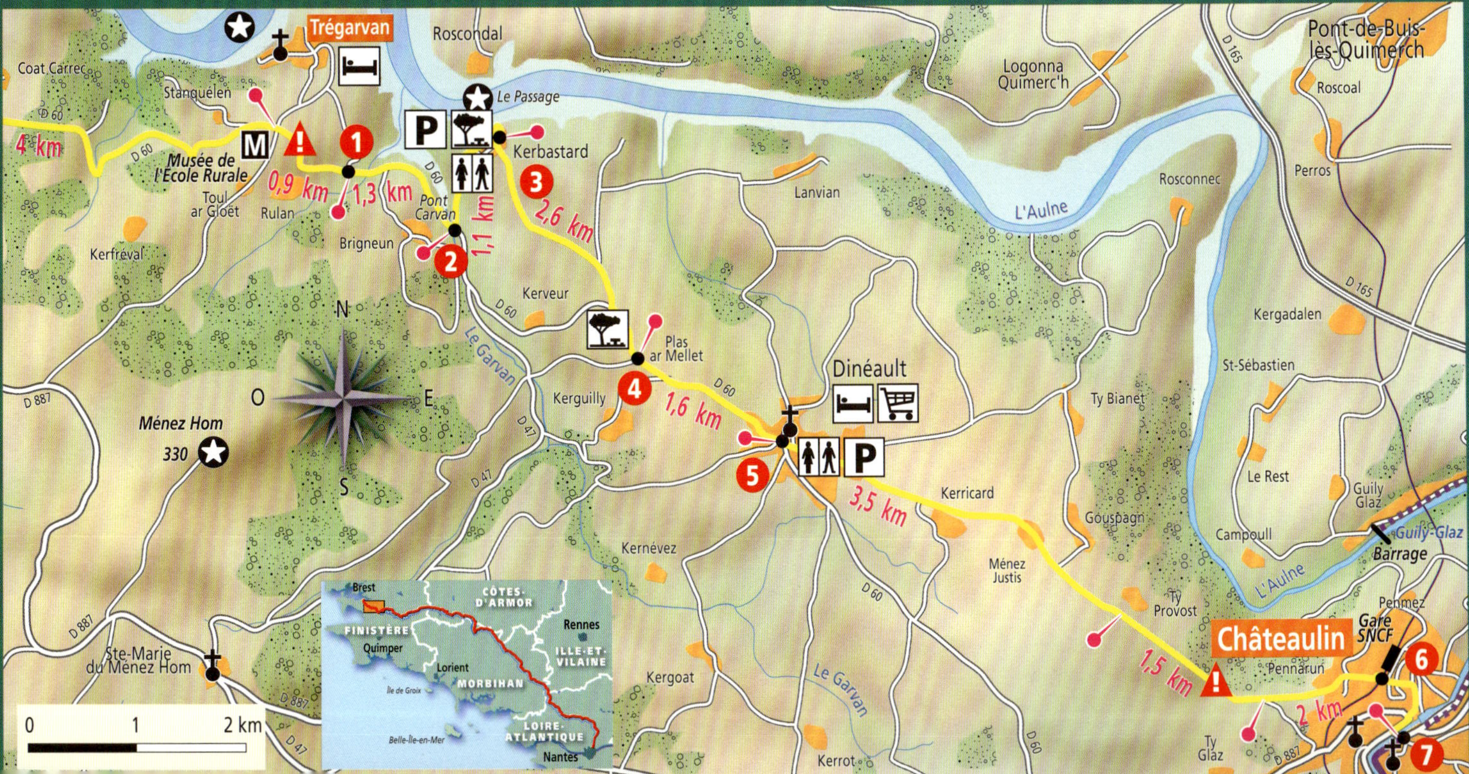

Map: Trégarvan — Châteaulin

Trégarvan

- Musée de l'École Rurale
- 4 km
- 0,9 km
- ① 1,3 km
- Pont Garvan
- ② 1,1 km
- Le Passage
- Kerbastard
- ③ 2,6 km
- ④ 1,6 km
- Plas ar Mellet
- Dinéault
- ⑤ 3,5 km
- 1,5 km
- **Châteaulin**
- Pennarûn
- ⑥ 2 km
- ⑦ Gare SNCF
- Barrage
- Guily-Glaz

Ménez Hom 330

Ste-Marie du Ménez Hom

0 — 1 — 2 km

CÔTES D'ARMOR · ILLE-ET-VILAINE · MORBIHAN · LOIRE-ATLANTIQUE · FINISTÈRE
Rennes · Nantes · Lorient · Quimper · Brest · Belle-Île-en-Mer · Île de Groix

Etape 1 / De Landévennec à Pleyben

De Trégarvan à Châteaulin

❶ Du musée de l'École rurale, la descente est rapide. Pente raide !

❷ À Pont-Carvan, prendre à gauche vers Le Passage.

◆ *Le Passage : aire de pique-nique, toilettes.*

❸ Descendre au bord de l'Aulne.

◆ Le Passage. Le lieu-dit avait bien sûr sa fonction éponyme. Un bac était en service pour relier Rosnoën. Attesté depuis 1514, point de jonction entre Le Faou et le Porzay, le site a été renforcé en 1858 par une cale en pierres sèches et une barge a fonctionné jusqu'en 1951 pour passer bétails, piétons, et voitures. Elle était manœuvrée à l'aviron.

Châteaulin, une écluse.

❹ Remonter du Passage vers Kerbastard. Retrouver la RD 60 et rejoindre Plas ar Mellet.

❺ Continuer sur la RD 60 afin de rallier le bourg de Dinéault (cf. p. 54) et le traverser.

◆ *Dinéault : hébergement, commerces, toilettes.*

❻ Après de magnifiques points de vue sur la vallée de l'Aulne qui ponctuent la route jusqu'à Ty Provost, la descente sévère amène à l'entrée de Châteaulin, près de la gare SNCF.

❼ Descendre vers le centre-ville, retrouver le bord de l'Aulne et traverser sur le pont au milieu de la ville.

Etape 1 / De Landévennec à Pleyben

Dinéault

Le petit bourg ne ménage pas ses efforts en matière d'environnement : première commune du Finistère en surfaces consacrées à l'agriculture bio, les roselières de l'Aulne sont classées et bénéficient d'un contrat LIFE Nature, tandis que le Menez Hom (330 m) fait partie du réseau Natura 2000. C'est aussi à Dinéault qu'a été découverte une statue gallo-romaine de la déesse Brigitte, exposée au Musée de Bretagne à Rennes.

Dinéault, église et calvaire.

Etape 1 / De Landévennec à Pleyben

Châteaulin

À l'origine, un brave homme (Idunet) fit don de ses terres à saint Guénolé qui venait de s'installer à Landévennec. Un prieuré est fondé et suivi par un village de pêcheurs. Au Xe siècle, les comtes de Cornouaille bâtissent une motte castrale, puis un château, au-dessus de l'Aulne. Ils héritent du duché de Bretagne et Châteaulin entre dans le domaine ducal. Vaste édifice à 50 m au-dessus du fleuve, il contrôle les allées et venues, et atteint son apogée au XIVe siècle quand les Anglais qui l'occupent y mettent le feu avant l'arrivée de Du Guesclin en 1373. Jamais réparé, il servira à de nombreuses nouvelles reconstructions. Sénéchaussée royale, Châteaulin est mis à mal par la révolte des Bonnets Rouges en 1675 et vit des heures sombres au XVIIIe siècle. C'est le

Châteaulin, le viaduc.

fleuve qui apportera encore un flot novateur avec la construction du canal de Nantes à Brest, puis l'arrivée du train. C'est aussi grâce à l'eau que la ville bénéficiera d'un progrès notable. L'Aulne a fourni suffisamment de courant pour édifier une usine hydroélectrique en 1886 à Coatigrac'h. Châteaulin deviendra la troisième ville de France à être éclairée à l'électricité. La ville et le fleuve sont intimement liés. Le blason est « d'azur au château d'argent girouetté d'or accompagné en pointe d'un saumon d'argent mis en fasce ». Les Châteaulinois ont longtemps hérité du surnom de Pen Eog (tête de saumon). La pêcherie a été créée par les moines de l'abbaye et sa mention figure dans le cartulaire de 1096. Les prises annuelles sont montées jusqu'à 4000 pièces !

55

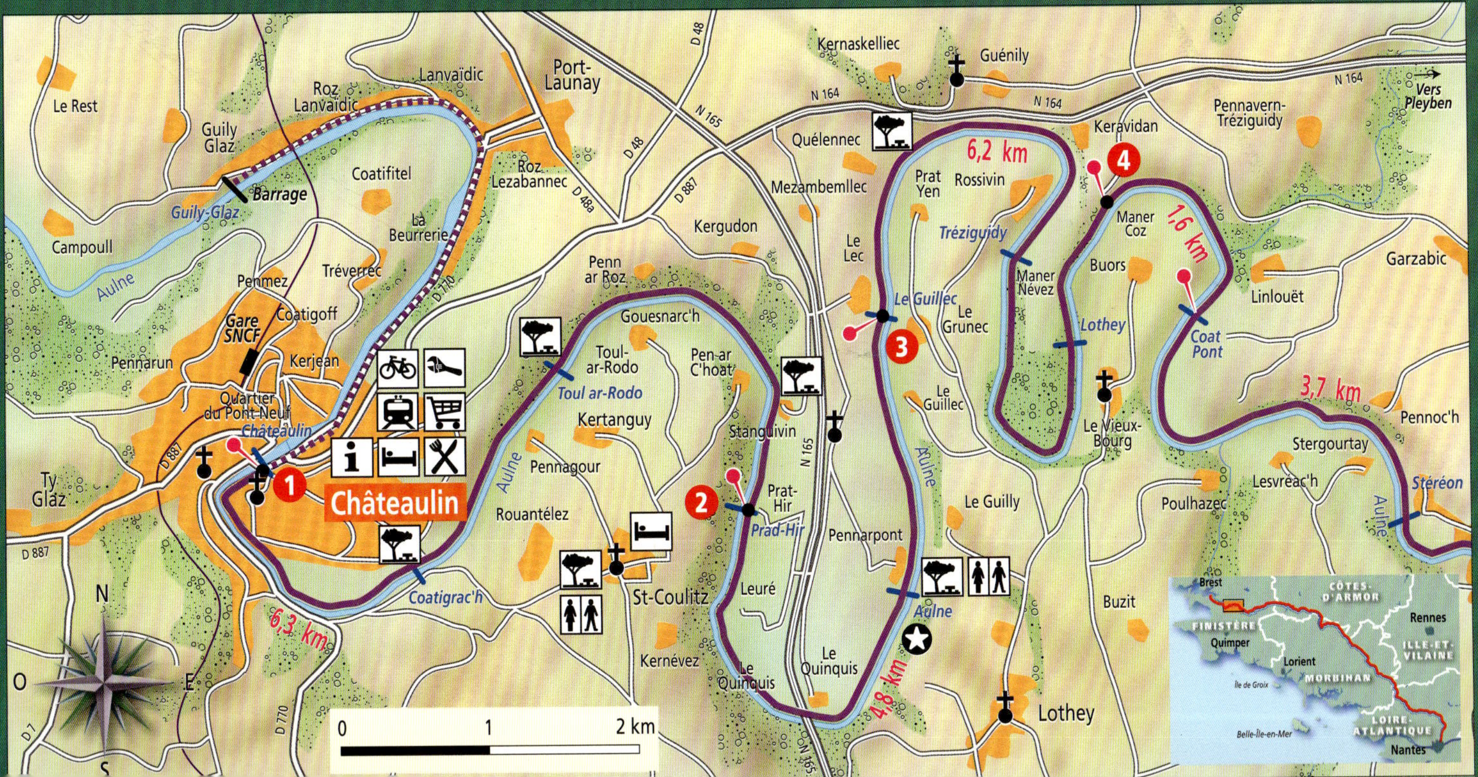
Châteaulin
Le Rest
Guily Glaz
Roz Lanvaïdic
Lanvaïdic
Port-Launay
Barrage
Guily-Glaz
Coatifitel
Roz Lezabannec
Campoull
Aulne
La Beurrerie
Tréverrec
Penmez
Coatigoff
Gare SNCF
Kerjean
Pennarun
Quartier du Pont-Neuf
Ty Glaz
D 887
D 770
D 48
D 48a
N 165
N 164
D 7
Penn ar Roz
Kergudon
Mezambemllec
Quélennec
Kernaskelliec
Guénily
Vers Pleyben
Pennavern-Tréziguidy
Keravidan
Prat Yen
Rossivin
6,2 km
4
Maner Coz
1,6 km
Garzabic
Tréziguidy
Maner Névez
Buors
Linlouët
Le Lec
Le Guillec
3
Le Grunec
Lothey
Coat Pont
3,7 km
Pennoc'h
Gouesnarc'h
Toul-ar-Rodo
Pen-ar C'hoat
Toul ar-Rodo
Kertanguy
Stanguivin
Le Guillec
Le Vieux-Bourg
Stergourtay
Lesvréac'h
Poulhazec
Stéréon
Pennagour
Rouantélez
2
Prat-Hir
Prad-Hir
Le Guilly
Pennarpont
Buzit
1
Coatigrac'h
St-Coulitz
Leuré
6,3 km
Kernévez
Le Quinquis
Le Quinquis
4,8 km
Lothey
N
O
E
S
0
1
2 km
Brest
Côtes-d'Armor
Finistère
Quimper
Rennes
Lorient
Ille-et-Vilaine
Île de Groix
Morbihan
Belle-Île-en-Mer
Loire-Atlantique
Nantes

Étape 1 / De Landévennec à Pleyben

De Châteaulin à Pleyben

◆ Ici commence réellement le chemin de halage du canal. En poursuivant l'Aulne vers l'aval, on peut atteindre Port-Launay qui fut longtemps la première écluse du canal avant d'être remplacée en aval par Guily-Glaz. Port-Launay est un magnifique port de plaisance dominé par un viaduc. À Guilly-Glaz, un barrage mobile permet de réguler les crues du fleuve.

1 Écluse de Châteaulin. Située quasiment en centre-ville, elle est, comme la précédente à Coatigrac'h accessible aux pêcheurs. Mais le promeneur peut aussi descendre dans les entrailles du canal. Une passe à poissons y est installée munie d'une paroi vitrée. On y observe la remontée et le comptage des saumons.

◆ Châteaulin : « Escale d'une rive à l'autre* », office de tourisme, hébergement, restauration, commerces, aire de pique-nique, toilettes, location et réparation de vélos.

◆ Prendre le chemin de halage vers l'amont, en rive droite (en fonction du sens du courant). Nous contournons Saint-Coulitz et Lothey.

2 Saint-Coulitz est une commune modeste (11 km², 424 habitants). Elle possède une belle église du XVIe siècle, remaniée au XVIIe. Dans les années 1980, le premier magistrat a été un ingénieur des Mines francotogolais, Kofi Yamgnane.

◆ Saint-Coulitz : hébergement, aire de pique-nique, toilettes.

3 Après le passage sous la RN 165, nous atteignons l'écluse du Guillec.

4 Nous découvrons les dix premières écluses encaissées dans cinq grandes courbes incontournables du canal. L'Aulne a dû serpenter pour trouver son chemin jusqu'à la mer. C'est un fleuve à poissons. Il n'est pas rare d'y observer des remontées de truites, d'aloses ou de saumons.

Port-Launay, le viaduc.

* L'appellation « Escale d'une rive à l'autre » désigne une trentaine de sites emblématiques riverains des canaux et voies navigables de Bretagne, engagés dans une démarche de qualité pour offrir le meilleur à leur visiteur. www.canauxdebretagne.org

Le Canal de Nantes à Brest

49 km

Étape 2
De Pleyben à Cléden-Poher

> Progressivement, nous entrons dans les terres. La voie d'eau n'est pas encore créée de toutes pièces. L'Aulne va bientôt laisser la place à l'Hyères. Le paysage prend de l'altitude : au sud, les Montagnes Noires font face au nord aux premières pentes de l'Arrée. À Trévarez et Spézet répondent Pleyben et Châteauneuf-du-Faou. Le fleuve se rétrécit. Bientôt, la première jonction du canal nous amène vers Port-de-Carhaix.

Montagnes Noires, la Roche du Feu.

Étape 2 / De Pleyben à Cléden-Poher

Les Montagnes Noires

L'appellation de « montagnes » est peut-être exagérée. Les Montagnes Noires sont vieilles d'environ 330 millions d'années et sont constituées de grès et de quartz. Elles constituent une chaîne de 60 km, assez étroite. Selon que l'on incorpore le Ménez Hom ou non, le point culminant sera à 330 m avec le Menez Hom, ou à 318 m au Roc Toullaëron sur la commune de Spézet. Le terme de « montagne » vient probablement de la traduction bretonne, Menez, qui désignait souvent une colline. Quant à la couleur « noire », peut-être était-ce dû à la couleur de la roche d'ardoise très répandue sur l'ensemble du massif. Le déboisement régulier a fait disparaître une grande partie des feuillus, ifs et houx qui le peuplaient pour laisser place aujourd'hui à des zones de landes et de résineux. L'un des points hauts se situe au sud de Gouézec, au lieu-dit La Roche du Feu (281 m). De là, dit-on, on peut voir les Monts d'Arrée, la vallée de l'Aulne et la baie de Douarnenez. On dit que lors des invasions normandes, on surveillait l'arrivée des Vikings depuis ce point haut, et en cas d'alerte, on allumait un grand feu sur le sommet, vu de tous les alentours. Face à la crête sombre séparée vaillamment par l'Aulne, les Montagnes de l'Arrée nous regardent de loin. Les contreforts apparaissent à Cleden-Poher, à Plonévez, à Pleyben. Mais c'est plus loin que nous les verrons s'affaisser au-dessus de l'Aulne maritime, à la fin du voyage, du côté de Pont de Buis, de Rosnoën, du Faou... Le canal de Nantes à Brest se faufile discrètement à leur pied, dans la vallée de l'Aulne. Les sommets sont plus loin, plus hauts, vers le nord, dans les hautes terres.

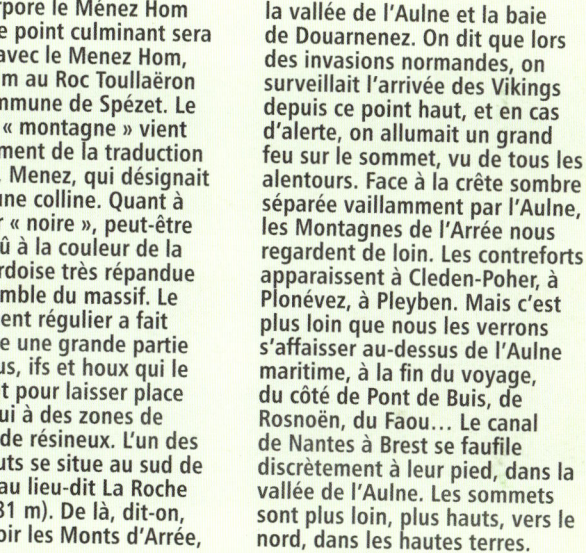

Roc Toullaëron (318 m).

Étape 2 / De Pleyben à Cléden-Poher

Pont-Coblant

Encore un endroit bien connu le long du canal. Port d'attache de Pleyben situé à 3,5 km au nord, le site était un gué. La route Quimper-Morlaix va amener la construction d'un pont en pierre à dix arches. Usé par le temps, il a été remplacé en 1996 par un nouvel ouvrage.
Pont-Coblant, ce sont aussi des aménagements et des services pour les loisirs : pêche, randonnée, canoë-kayak. Peut-être apercevra-t-on un drôle de bateau qui rôde sur le canal…
C'est une penette à levées, ancienne barge de transport reconstituée, articulée pour mieux circuler sur les courbes serrées du canal.

Pleyben

Porte d'entrée vers les Monts d'Arrée, la place large et montante débouche sur un enclos paroissial parmi les plus imposants de Bretagne. La ville s'est peut-être bâtie autour d'un prieuré ou d'un monastère dépendant de Landévennec. Fief des Tréziguidy dont un écuyer participe au combat des Trente en 1351, le manoir était construit non loin de l'Aulne. Mais le joyau de Pleyben est avant tout l'architecture religieuse de son enclos. Extrêmement complet dans sa conception, il comprend un porche d'entrée dans l'enclos, dit porte triomphale de 1725, une église dominée par deux clochers de facture différente. L'ensemble a été réalisé entre 1555 et 1591. D'autres éléments sont venus s'ajouter au siècle suivant : sacristie, fonts baptismaux, retables, chaire, buffet d'orgues. On peut voir aussi dans l'enclos une chapelle funéraire rebâtie en 1733 sur les fondations d'un ossuaire du

Pleyben, le calvaire.

XVe siècle. Enfin, le calvaire est de 1555, il est sans doute le plus imposant des calvaires de Bretagne. De très nombreuses scènes de la vie du Christ y sont représentées.

Châteauneuf-du-Faou

Kastell Nevez ar Faou... Castrum Novum in Fago.... les noms successifs de la ville donnent en français d'aujourd'hui Châteauneuf-du-Faou. Indubitablement, il y avait un château.... Une trace écrite subsiste dans le cartulaire de Quimper en 1368 à l'occasion d'une taxe versée au bénéfice de l'Église de Rome (la paroisse de Châteauneuf dépendait de l'évêché de Cornouaille). Prise provisoirement en 1186 par Guihomarh et Hervé du Léon, puis par héritage au XIIIe siècle, la forteresse de Châteauneuf appartient au vicomte du Léon jusqu'à sa confiscation par le duc Jean en 1420. Elle est en ruine en 1440, quand est bâtie dans sa cour la chapelle Notre-Dame-des-Portes dont on peut toujours admirer le porche gothique.

La vie de la cité reste mouvementée et les jacqueries de paysans succèdent aux guerres de Religion (1490, 1593, 1675). Au XVIIe siècle, un pont en pierre est construit pour améliorer le passage qui se faisait sur un gué. Le pont du Roy prend le nom du moulin tout proche. Pas assez élevé, il subit les attaques des crues et nécessite de fréquents travaux. De plus, sa largeur devient insuffisante pour faire se croiser deux voitures à cheval. Un nouveau pont sera édifié en 1892 et l'ancien devra être amputé d'une arche pour laisser passer les bateaux. Châteauneuf a inspiré de nombreux artistes dont le plus célèbre est Paul Sérusier, ami et disciple de Gauguin. Installé à Châteauneuf de 1893 à 1927, il peint des scènes locales et réalisera des fresques directement sur le mur du baptistère. La maison où il habitait est aujourd'hui protégée au titre des « Monuments historiques ». Un circuit Sérusier a été mis en place dans la ville pour découvrir son inspiration et une partie de ses œuvres, ainsi que les lieux qu'il fréquentait.

Châteauneuf-du-Faou, le Vieux Pont.

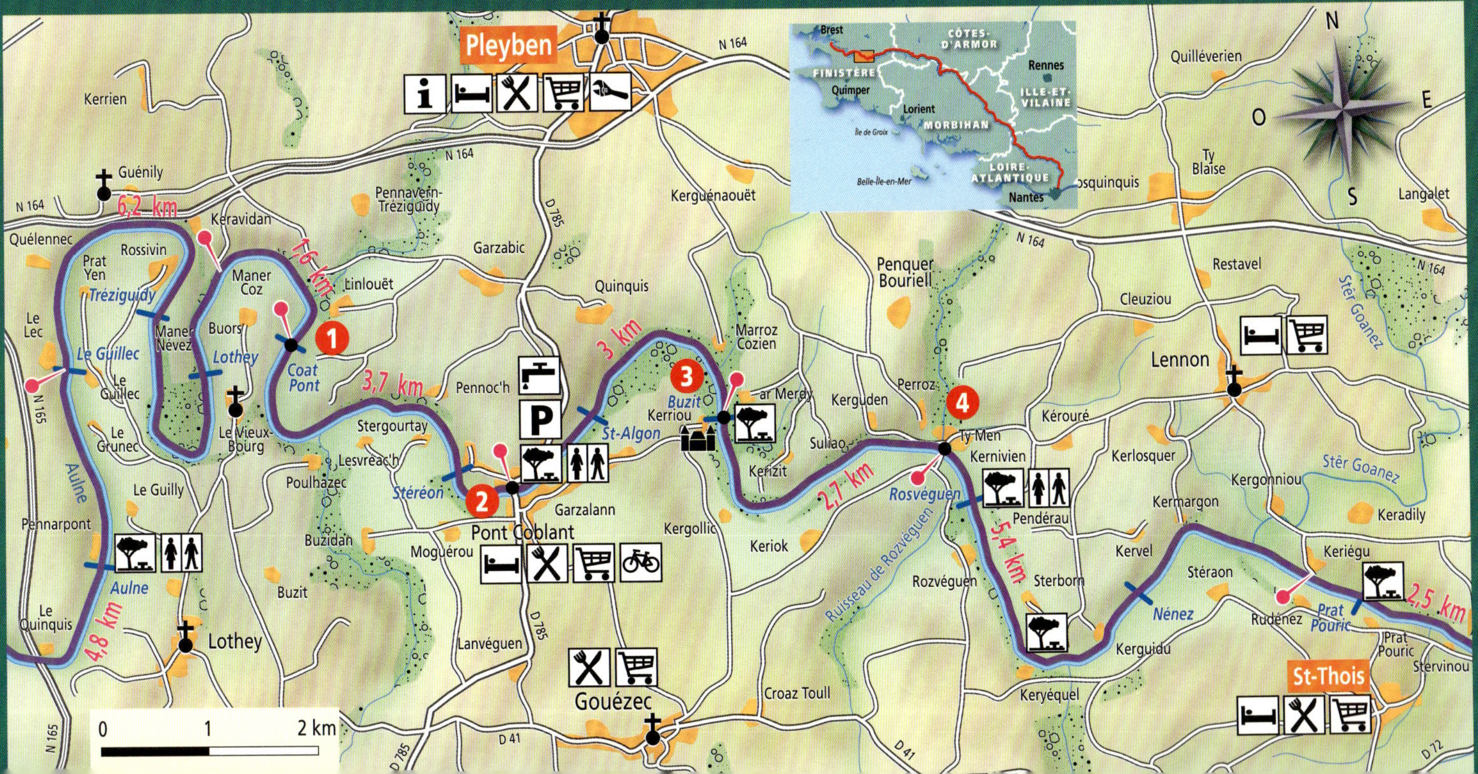

Pleyben
Kerrien
Guénily
N 164
Quélennec
6,2 km
Keravidan
Rossivin
Prat Yen
Trézigujdy
Maner Coz
1,6 km
Linlouët
Le Lec
Le Guillec
Maner Névez
Buors
Lothey
Coat Pont
1
N 165
Le Guillec
Le Grunec
Le Vieux-Bourg
Aulne
Le Guilly
Pennarpont
Aulne
Le Quinquis
4,8 km
Lothey
Buzit
Buzidan
Poulhazec
Lesvréac'h
Stergourtay
3,7 km
Stéréon
2
Pennoc'h
Pennavern-Trézigujdy
Garzabic
D 785
Pont Coblant
Moguérou
Garzalann
Lanvéguen
Gouézec
D 41
Quinquis
3 km
3
Buzit
Kerriou
St-Algon
Marroz Cozien
ar Merdy
Kerizit
Kergollic
Keriok
Kerguénaouët
Croaz Toull
Suliao
2,7 km
Kerguden
Perroz
Penquer Bouriell
4
Ty Men
Kernivien
Rosvéguen
Ruisseau de Rozvéguen
Rozvéguen
5,4 km
Pendérau
Sterborn
Keryéquel
Kérouré
Kerlosquer
Kervel
Kerguidu
Nénez
Stéraon
Kermargon
Kergonniou
Lennon
Cleuziou
Restavel
Stêr Goanez
Keradily
Keriégu
Rudénez
Prat Pouric
St-Thois
Stervinou
2,5 km
D 72
Quilléverien
Ty Blaise
Bosquinquis
Langalet
N
O
E
S
Brest
CÔTES-D'ARMOR
Rennes
FINISTÈRE
Quimper
Lorient
MORBIHAN
ILLE-ET-VILAINE
Île de Groix
Belle-Île-en-Mer
LOIRE-ATLANTIQUE
Nantes
0
1
2 km

De Pleyben à Saint-Thois

◆ Cette partie finistérienne du canal est l'une des mieux aménagées en matière d'aires de repos et de loisirs. N'hésitez pas à faire des pauses et profiter du cadre de vie, de l'environnement, de la douceur, de ne rien faire au bord de l'eau…

❶ Écluse de Coat-Pont. Déjà une petite vingtaine de kilomètres depuis Guilly-Glaz à la sortie de Châteaulin. L'ambiance du canal de Brest à Nantes devient une réalité.

❷ Pont-Coblant. Simple gué sur la rivière, c'est le site type qui a bénéficié de la construction du canal pour se développer. La RD 785 nous dirige au nord vers Pleyben et au sud vers Gouézec.

◆ Pont-Coblant : *hébergement, restauration, commerces, aire de pique-nique, toilettes, location de vélos.*

◆ Pleyben : *office de tourisme, hébergement, restauration, commerces, aire de pique-nique, toilettes, réparation de vélos.*

◆ Gouézec : *restauration, commerces, aire de pique-nique.*

Pleyben, l'enclos paroissial.

poissons. Plus que 334 km jusqu'à Nort-sur-Erdre…

❹ Ty Men. Bien qu'il ne s'agisse que d'un trait plus symbolique que physique, il faut noter que nous sortons des limites du Parc Naturel Régional d'Armorique, dans lequel nous étions depuis Landévennec.

❸ Écluse du Buzit. Il s'agit de l'une des six écluses de la commune de Pleyben. Elles ont été construites entre 1820 et 1850. Cinq d'entre elles sont équipées d'échelles à

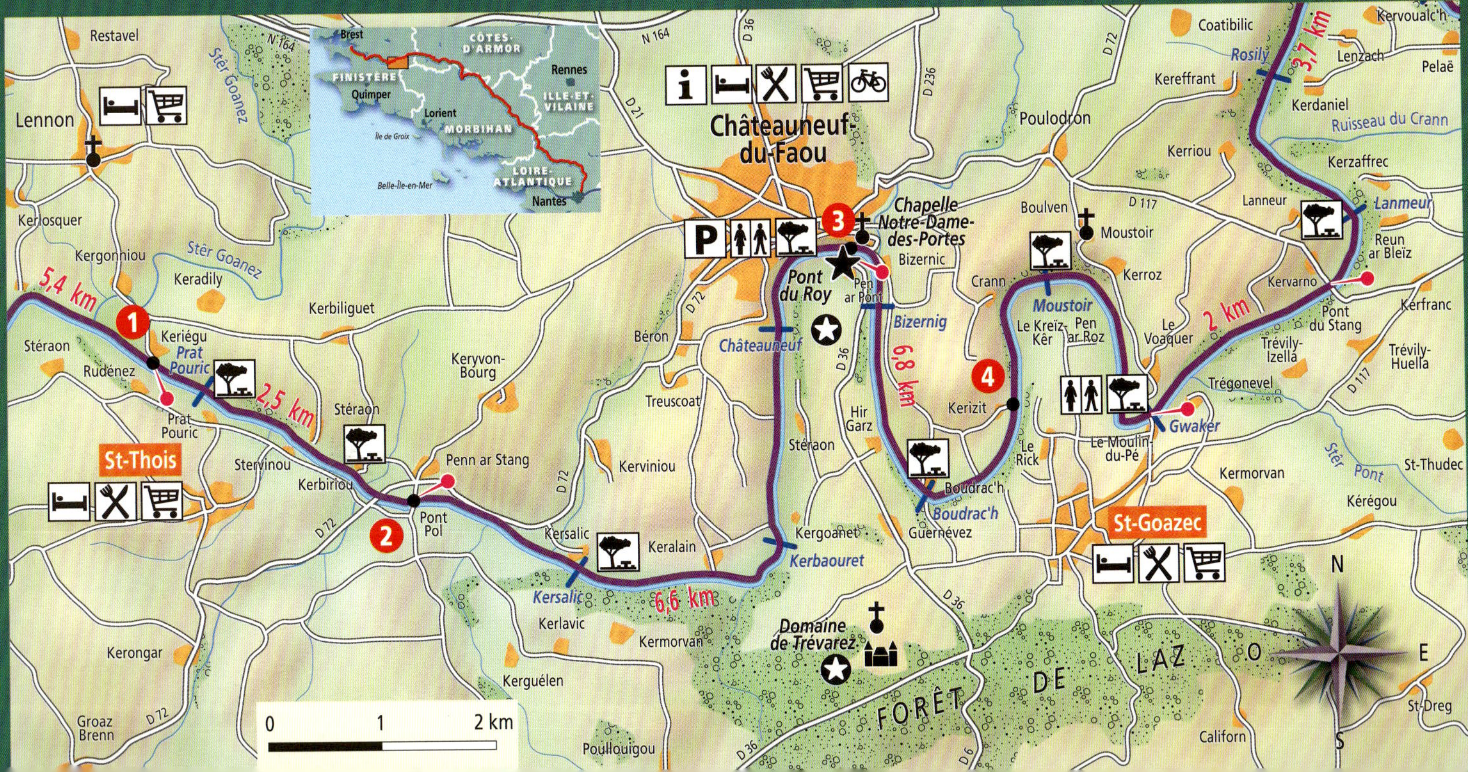
Châteauneuf-du-Faou
Chapelle Notre-Dame-des-Portes
Pont du Roy
St-Thois
St-Goazec
Domaine de Trévarez
Forêt de Laz
Lennon
Restavel
Kerlosquer
Kergonniou
Keradily
Stêr Goanez
Kerbiliguet
Kériégu
Prat Pouric
Rudénez
Stéraon
SterVinou
Kerbiriou
Penn ar Stang
Pont Pol
Keryvon-Bourg
Béron
Treuscoat
Kerviniou
Kersalic
Keralain
Kerlavic
Kermorvan
Kerguélen
Kerongar
Groaz Brenn
Poullouigou
Kergoanet
Kerbaouret
Châteauneuf
Pen ar Pont
Bizernic
Bizernig
Hir Garz
Guernévez
Boudrac'h
Kerizit
Le Rick
Crann
Moustoir
Le Kreiz-Kêr
Pen ar Roz
Boulven
Kerroz
Le Voaquer
Le Moulin-du-Pé
Gwaker
Trégonevel
Trévily-Izella
Trévily-Huella
Kermorvan
Kérégou
St-Thudec
Stêr Pont
Kervarno
Pont du Stang
Reun ar Bleïz
Kerfranc
Lanneur
Lanmeur
Kerzaffrec
Ruisseau du Crann
Kerdaniel
Kereffrant
Kerriou
Poulodron
Coatibilic
Rosily
Lenzach
Kervoualc'h
Pelaë
Caliform
St-Dreg
5,4 km
2,5 km
6,6 km
6,8 km
2 km
3,7 km
N 164
D 36
D 21
D 72
D 236
D 117
D 6
D 12
Brest
Finistère
Quimper
Côtes-d'Armor
Rennes
Ille-et-Vilaine
Lorient
Morbihan
Île de Groix
Belle-Île-en-Mer
Loire-Atlantique
Nantes
N
E
S
O
0
1
2 km

Étape 2 / De Pleyben à Clédin-Poher

De Saint-Thois à Saint-Goazec

❶ À hauteur du hameau de Keriégu, une petite route mène à Lennon (2 km). Curieux nom homonymique dont la racine s'apparenterait au breton signifiant « château ». Il existait, semble-t-il, de très nombreuses mottes féodales sur le territoire de Lennon.

◆ *Lennon : hébergement, commerces.*

❷ Pont-Pol. C'est la traversée de la RD 72, elle permet d'atteindre Saint-Thois (environ 3 km).

◆ *Saint-Thois : hébergement, commerces, aire de pique-nique, toilettes.*

❸ À Châteauneuf-du-Faou, nous saluons le vieux pont du Roy et nous pouvons voir sur la gauche Notre-Dame-des-Portes. C'est aussi l'accès à la ville. Pour les moins pressés, un bateau promenade embarque à Penn ar Pont pour 1 h 30 de visite sur le canal.

◆ *Châteauneuf-du-Faou :*
« Escale d'une rive à l'autre », office de tourisme, hébergement, restauration, commerces, aire de pique-nique, toilettes, location de vélos.

Châteauneuf-du-Faou, chapelle Notre-Dame-des-Portes.

◆ L'Aulne nous fait à nouveau naviguer dans de grandes courbes comme celles que nous avions à la sortie de Châteaulin.

❹ Sur l'autre rive, une ancienne ardoisière est encore visible. Les matériaux étaient transportés sur des barges articulées, appelées penettes à levées. L'articulation centrale permettait de manœuvrer plus facilement dans les courbes serrées. Le Syndicat Mixte d'Aménagement Touristique de l'Aulne et de l'Hyères en a réhabilité une et souhaite s'en servir notamment pour l'entretien des berges.

Etape 2 / De Pleyben à Cléden-Poher

Trévarez

Un nom qui parle aux amateurs de jardins : fleuron des parcs et jardins de Bretagne, le promeneur y admire et hume les camélias, les rhododendrons, les azalées, les hortensias et autres fuchsias. Quatre-vingt-cinq hectares qui changent de couleurs et de formes tout au long de l'année. L'esplanade offre un jardin classique, régulier qui contraste avec le reste du parc conçu à l'anglaise. Depuis peu, une partie du domaine a été aménagée à l'italienne. Des fontaines, un étang, un espace contemporain, tous les goûts sont satisfaits et la diversité du lieu est un ravissement. Les arbres remarquables guident le visiteur jusqu'à l'accueil. Car les premières curiosités de Trévarez sont architecturales, et récentes.

Un château et des écuries sont nés de l'imagination de James de Kerjégu, entre 1894 et 1907. Le château est souvent nommé « château rose » ou « château rouge » en raison du mariage de la brique avec le granite de Kersanton. Le bâtiment utilise toutes les ressources modernes de son époque et notamment des structures métalliques, des ascenseurs, le chauffage de toutes les pièces, l'électricité… y compris pour les communs des domestiques. Mais le propriétaire décède et ne profite pas de son domaine. Légué à sa fille, le château est réquisitionné pendant la Seconde Guerre mondiale, et bombardé par la RAF en 1944. Les dégâts dans la toiture sont importants. Il est provisoirement abandonné jusqu'en 1968 lorsque le Conseil général du Finistère le rachète et le remet en état. Quant aux anciennes écuries, elles sont transformées en salles d'exposition, en particulier le manège surmonté d'une verrière.

Château et parc de Trévarez.

Étape 2 / De Pleyben à Cléden-Poher

Spézet

Non loin du point culminant du Roc Toullaëron, descendant jusqu'au canal à 45 m d'altitude, la commune de Spézet est étagée sur plus de 250 m. Les explications ne sont pas concordantes sur l'origine du nom, pas plus que l'histoire de la commune et ses nombreux vestiges néolithiques. Le Moyen Âge laisse aussi sa part d'incertitude : le manoir du Crann ou de Cranhuel est l'un des plus anciens et son histoire serait liée à la famille Du Chastel, parmi laquelle on trouve un compagnon de croisade de Saint Louis, un partisan de Jean de Montfort au XIVe siècle, et un dévoué serviteur du roi de France le siècle suivant ! La première chapelle du Crann daterait du XIIIe siècle. L'actuelle est datée de 1535. Ce qui est certain, c'est qu'elle est classée

Spézet, écluse de Pont-Triffen.

aux Monuments historiques, et qu'elle comprend des vitraux exceptionnels et des retables tout aussi beaux. À proximité, la fontaine Saint-Éloi, dite fontaine sacrée, est un vaste bassin abrité sous un édicule gothique à trois arches. La particularité du lieu est de faire perdurer une vieille tradition : le pardon du beurre. Chaque année, un pardon s'y déroule et donne lieu à une sculpture d'une motte de beurre déposée sur l'autel. D'ailleurs, Spézet a créé une exposition permanente « Histoires de beurre ». Ce musée est situé dans la maison bleue. Bleue ? Oui, très bleue, joliment colorée. Comme de nombreux autres avec d'autres couleurs vives. Spézet rompt avec la tradition du granite gris et affiche sa différence. À côté de Spézet, Saint-Hernin s'affiche plus classique. Le moine fondateur de la paroisse était réputé pour guérir les maux de tête. Deux calvaires ont été édifiés en 1450 et 1530 mais les vestiges les plus imposants sont ceux de Kergoat, forteresse dominant le canal.

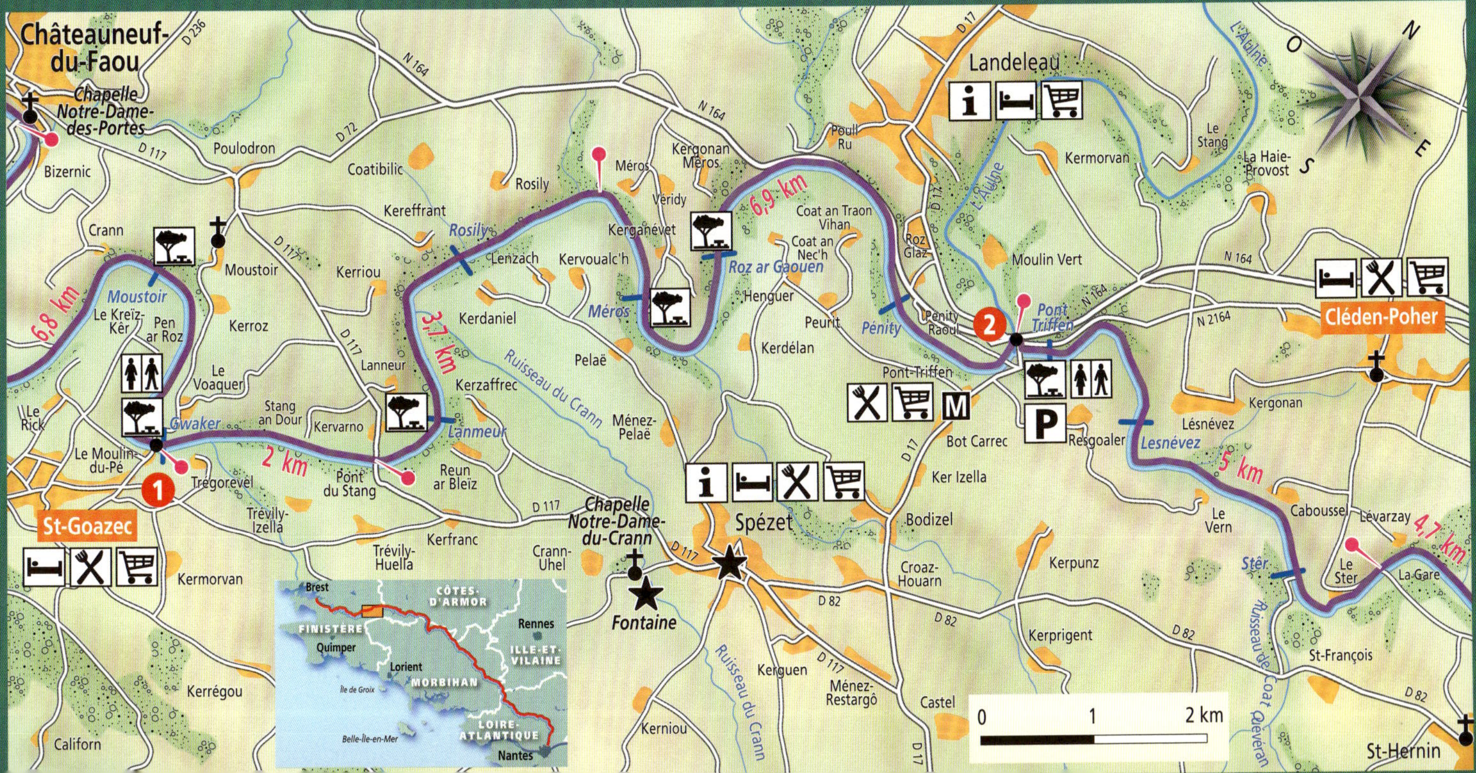
Châteauneuf-du-Faou
Chapelle Notre-Dame-des-Portes
Bizernic
Crann
Pouldron
Coatibilic
Kereffrant
Rosily
Méros
Kergonan Méros
Véridy
Kergahévet
Kervoualc'h
Lenzach
Kerriou
Moustoir
Le Kreiz-Kêr
Pen ar Roz
Kerroz
Le Voaquer
Stang an Dour
Kervarno
Lanneur
Kerdaniel
Kerzaffrec
Pelaë
Ménez-Pelaë
Ruisseau du Crann
Reun ar Bleiz
Pont du Stang
Le Rick
Le Moulin-du-Pé
Tregorevel
Trévily-Izella
Trévily-Huella
Kerfranc
Crann-Uhel
Chapelle Notre-Dame-du-Crann
Fontaine
Spézet
St-Goazec
Kermorvan
Kerrégou
Californ
Kerniou
Kerguen
Ménez-Restargô
Castel
Croaz-Houarn
Bodizel
Ker Izella
Bot Carrec
Pont-Triffen
Kerdélan
Henguer
Peurit
Coat an Nec'h
Coat an Traon Vihan
Roz Glaz
Penity Raoul
Poull Ru
Landeleau
L'Aulne
Kermorvan
Moulin Vert
Le Stang
La Haie-Provost
Pont Triffen
Resgoaler
Lesnévez
Lésnévez
Kergonan
Cléden-Poher
Kerpunz
Kerprigent
Le Vern
Caboussel
Lévarzay
Le Ster
La Gare
Stêr
St-François
Ruisseau de Coat Quéveran
St-Hernin
Moustoir
Gwaker
Lanmeur
Rosily
Méros
Roz ar Gaouen
Pénity
6,8 km
2 km
3,7 km
6,9 km
5 km
4,7 km
1
2
M
P
N 164
N 2164
D 236
D 117
D 72
D 17
D 82
O
N
E
S
0
1
2 km
Brest
CÔTES-D'ARMOR
Rennes
FINISTÈRE
ILLE-ET-VILAINE
Quimper
Lorient
MORBIHAN
Île de Groix
Belle-Île-en-Mer
LOIRE-ATLANTIQUE
Nantes

Etape 2 / De Pleyben à Cléden-Poher

De Saint-Goazec à Cléden-Poher, puis Port-de-Carhaix

❶ Le cours d'eau effectue deux belles courbes (nombreuses tables de pique-nique) avant de rejoindre l'écluse du Voaquer, ou Gwaker (écluse, déversoir et ancien moulin). De là, nous sommes à 1 km environ du bourg de Saint-Goazec, et à 3 km du château de Trévarez.

◆ *Saint-Goazec : hébergement, commerces, aire de pique-nique, toilettes.*

❷ Nous approchons de Pont-Triffen et la jonction avec l'Hyères. L'Aulne est un fleuve abondant de 140 km qui prend sa source à Lohuec en Côtes-d'Armor et se jette dans la rade de Brest après s'être transformé en ria couramment appelée Aulne maritime. L'Hyères, qui fait cause commune avec le canal jusqu'à Coz Castel, est une rivière de 50 km qui arrive des Côtes-d'Armor (Callac, Plougonver).

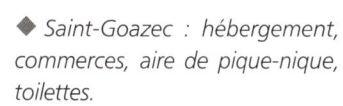

Des pontons de pêche sont installés à Pont-Triffen pour les amateurs du lancer et de la mouche. La partie finistérienne du canal est gérée par un syndicat mixte, le SMATAH. De nombreux aménagements de services et de loisirs ont été réalisés, ainsi que des espaces ou initiatives pédagogiques, telles les balades du canal en été.

◆ À Pont-Triffen, c'est le parcours d'une goutte d'eau qui est proposé, depuis sa source jusqu'à la mer. À partir de là, nous pouvons rallier Landeleau et Spézet. Landeleau se trouve sur le chemin de Saint-Jacques-de-Compostelle en Bretagne. Et nous continuons notre route vers Port-de-Carhaix.

◆ *Landeleau : syndicat d'initiative, hébergement, commerces, aire de pique-nique, toilettes.*

◆ *Spézet : syndicat d'initiative, hébergement, restauration, commerces, aire de pique-nique, location de vélos.*

Spézet, écluse de Pont-Triffen.

Etape 3
De Cléden-Poher à Gouarec

La Vélodyssée® / Le Canal de Nantes à Brest

50 km

› Arrivée au centre des croisements. En limite de la Cornouaille qui donna au moins cinq ducs à la Bretagne au XIe siècle, l'étape est sans doute une des plus naturelles et des plus belles, ponctuée de souvenirs difficiles : le franchissement d'un nouveau bassin versant nous fait basculer au niveau de la Tranchée de Glomel, le point culminant du canal. Désormais, la descente est inéluctable. Les Gallo-Romains ont précédé les ducs, voies ferrées, canaux, routes… nous sommes au confluent des chemins. Nous rejoignons La Vélodyssée® et la voie verte européenne.

Glomel, la tranchée des bagnards.

Etape 3 / De Cléden-Poher à Gouarec

La croisée des chemins

Port-de-Carhaix.

Les époques se suivent et l'on dirait que les sociétés fonctionnent et réfléchissent de la même manière. Carhaix s'appelait Vorgium. C'était au temps de la Gaule romaine. La Bretagne était sillonnée de voies empierrées. Vorgium en était l'un des croisements les plus importants. Parallèlement, un aqueduc amenait 6000 m³ d'eau par jour pour alimenter fontaines et bains publics, et peut-être des grosses villae. Les chemins du Moyen Âge connaissent encore ceux du passé. Ils essaiment la campagne et les troupes ducales progressent encore à pied et à cheval. Au XIXe siècle, tout s'accélère. À Carhaix, il y a l'Hyères qui rejoint l'Aulne et donne un accès à la mer. Et le canal arrive. Voie de communication, voie économique, plus tard touristique. À peine en service, le canal est « doublé », au propre comme au figuré par les voies de chemin de fer naissantes. Carhaix sera le centre ferroviaire du réseau métrique breton reliant Camaret, Morlaix, Paimpol, Rennes et Rosporden. Morlaix-Carhaix-Rosporden... tiens... la V7 ! Et Carhaix-Camaret ? la V6... en parallèle du canal depuis Guerlédan. Au XXe siècle ? La route s'est imposée : Carhaix est au croisement de Guingamp-Quimper, Morlaix-Lorient, et sur la RN 164, axe central de la Bretagne (Montauban-de-Bretagne - Châteaulin). Rien de plus naturel alors que la ville se retrouve au carrefour des voies vertes EV1, Vélodyssée®, V6 et V7.

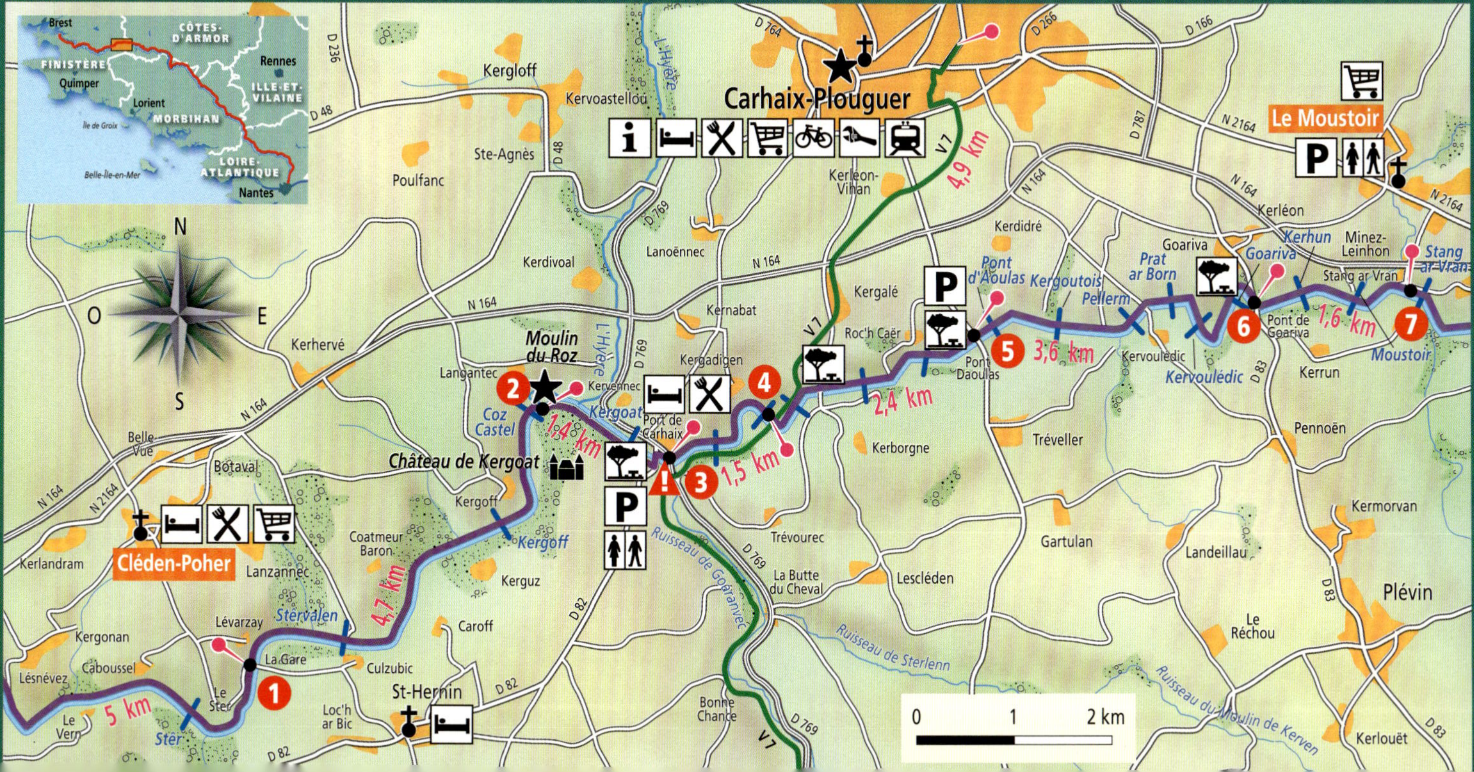

Brest
CÔTES-D'ARMOR
Rennes
FINISTÈRE
Quimper
Lorient
MORBIHAN
ILLE-ET-VILAINE
Île de Groix
Belle-Île-en-Mer
LOIRE-ATLANTIQUE
Nantes
N
O
E
S
Carhaix-Plouguer
Le Moustoir
Cléden-Poher
St-Hernin
Plévin
Kergloff
Kervoastellou
Ste-Agnès
Poulfanc
Kerdivoal
Lanoënnec
Kernabat
Kerhervé
Langantec
Moulin du Roz
Kervennec
Coz Castel
Kergoat
Château de Kergoat
Port de Carhaix
Kergadigen
Roc'h Caër
Kergalé
Kerleon-Vihan
Kerdidré
Pont d'Aoulas
Pont Daoulas
Kergoutois
Pellerm
Prat ar Born
Goariva
Pont de Goariva
Kerhun
Minez-Leinhon
Stang ar Vran
Kerléon
Moustoir
Kervouédic
Kerrun
Pennoën
Tréveller
Kerborgne
Trévourec
La Butte du Cheval
Lescléden
Gartulan
Landeillau
Le Réchou
Kermorvan
Kerlouët
Bonne Chance
Belle-Vue
Botaval
Kergoff
Coatmeur Baron
Lanzannec
Kerguz
Caroff
Culzubic
Loc'h ar Bic
Kerlandram
Kergonan
Caboussel
Lésnévez
Le Vern
Le Ster
Lévarzay
La Gare
Stervalen
Ster
L'Hyère
Ruisseau de Goaranvec
Ruisseau de Sterlenn
Ruisseau du Moulin de Kerven
N 164
N 2164
D 236
D 48
D 764
D 266
D 166
D 787
D 769
D 82
D 83
V7
5 km
4,7 km
1,4 km
1,5 km
2,4 km
3,6 km
1,6 km
4,9 km
1
2
3
4
5
6
7
0
1
2 km

Etape 3 / De Cléden-Poher à Gouarec

De Cléden-Poher et Port-de-Carhaix au Moustoir

❶ Au pont de la gare, possibilité de rejoindre Saint-Hernin.

Carhaix, l'ancien aqueduc romain.

◆ *Saint-Hernin : hébergement, aire de pique-nique, toilettes.*

❷ À l'écluse de Coz Castel, le canal quitte l'Hyères et fait cavalier seul. Sur la butte au sud se trouvent les vestiges du château de Kergoat (1383), berceau d'une grande famille qui donnera nombre de chevaliers auprès des ducs de Bretagne, et un évêque à Tréguier.

❸ Port-de-Carhaix. L'arrivée est un peu austère, mais de l'autre côté de la route, une aire de repos et son petit plan d'eau nous tendent les bras.

❹ Croisement avec la voie V7. Sur le viaduc qui enjambe le canal, nous croisons l'axe Rosporden-Carhaix-Morlaix, alias voie verte bretonne V7. Cette voie permet aussi de rejoindre Carhaix sans trop de peine à partir du chemin de halage. C'est également la jonction avec La Vélodyssée® en provenance de Roscoff vers Nantes. (fléchage à suivre désormais)

◆ *Carhaix : office de tourisme, hébergement, restauration, commerces, aire de pique-nique, toilettes, location et réparation de vélos.*

❺ Le pont Daoulas. La petite route qui monte tout droit mène bien à Carhaix. Au cas où vous auriez manqué la V7 précédemment...

❻ L'écluse de Goariva (traversée de la RD 83) marque la sortie du Finistère pour le canal.

❼ Écluse de Stang ar Vran. Possibilité de rejoindre Le Moustoir.

◆ *Le Moustoir : commerces, toilettes.*

◆ Sur la commune du Moustoir, l'ensemble architectural Saint-Juvenal est assez remarquable (1507). Au nord, à Porz en Plas, se trouvait une motte féodale du haut Moyen Âge, et au nord-est, à Kervoaguel, les vestiges de l'ancien aqueduc qui alimentait Carhaix à l'époque gallo-romaine.

Le Moustoir
N 2164
Minez-Leinhon
N 164
Stang ar Vran
1,6 km
Stang ar Vran
Kervigonan
Kerrun
Leinhon
St-Éloy
2,7 km
Le Moulin de St-Éloy
Kerléo
Kervéo
Lezvénez
Querléran
N 2164
St-Éloy
Lansalaün
Quéhélen
N 164
Keriffaut
Tronjoly
2,5 km
Trohjoly
Kerbernès
Lestrou
1
D 11
La Pie
Pie
Le Moulin de la Pie
Kereffaut
Roscoat
Rosquelven
Cajan
4,2 km
Kermarec
Échelle de 19 écluses
N 164
Kerbiterrien
Kermarquer
Kerangall
Kerguđon
Meinguen
St-Péran
Créharer
2
Créharer
Glomel
Grande Tranchée
2 km
3
1,2 km
LANDES DE LANN BERN
Keranflec'h
N
O
E
S
Le Croasty
D 23
D 87
La Croix-Madeleine
Park Quiminal
Kermabjean
N 164
D 87
Trébezel
4
Pont ar Len
Étang de Trébel
D 3
Ty-Page
Échelle de 5 écluses
3,6 km
Quistinic
Quistinic
Étang de Mezouët
Lopéraré
Menhir
Kersaoulou
Magourou
5
Kerrou
Loch ar Big
1,5 km
Porz-en-Caz
La Ville-Blanche
Ste-Christine
Cosquer
Cost Couraval
D 790
D 85
Lanhellen
D 23
N 164
D 3
D 85
Étang du Coronc
D 3
D 85
D 11
Kerlévraz
Kerhouarn
Kergroaz
Paule
Keranguével
Keroullaire
Kerandeurquet
Kermorvan
Plévin
D 83
D 83
Kerlouët
St-Jean
D 83
D 11
Brest
CÔTES-D'ARMOR
Rennes
FINISTÈRE
Quimper
ILLE-ET-VILAINE
Lorient
MORBIHAN
Île de Groix
Belle-Île-en-Mer
LOIRE-ATLANTIQUE
Nantes
0
1
2 km

Étape 3 / De Cléden-Poher à Gouarec

Du Moustoir à Rostrenen

1 Après les anciens moulins (La Pie, Saint-Éloi), il faut enchaîner des paliers dus à la construction des écluses, comme un toboggan, mais à l'envers…

2 Créharer. Au sommet du canal, l'espace est surprenant. Les bassins font penser à de petits étangs. Le centre nautique et de randonnée mérite bien une pause. Ses activités ravissent tous les publics (kayak, canoë, raft, tir à l'arc, VTT, orpaillage, escalade, aviron). Il offre également des possibilités d'hébergement et de location de VTT.

3 Le contraste est saisissant. D'un espace ouvert, nous entrons dans un « couloir naturel ». Trois kilomètres rectilignes avec 20 m de hauteur de talus de chaque côté, boisés. L'équilibre des volumes manquerait presque de nous rendre compte de l'importance du travail réalisé pour donner naissance à la Grande Tranchée des « bagnards ».

4 Traversée de la RD 3 qui permet de se rendre à Glomel.

◆ *Glomel : hébergement, restauration, commerces, aire de pique-nique, toilettes, location de vélos.*

5 Écluse de Magourou. Pour un temps encore, le canal s'élargit, s'aère. Comme si nous n'étions plus « enfermés » entre deux rangées d'arbres et un cours d'eau. Ici, ce sont des petits étangs, des ouvertures de panorama… Nous venons de passer aux étangs de Glomel. Les écluses se succèdent. Nous croisons souvent des canoés qui franchissent les déversoirs grâce à des glissières. Frissons garantis !

Glomel, étang du Korong.

Etape 3 / De Cléden-Poher à Gouarec

Entre l'homme et la nature...

Pourquoi cette volonté humaine de dominer et d'asservir, y compris la nature qui nous entoure ? Entre Cléden-Poher et Gouarec, le cheminement est aménagé, mais pas trop, la nature est entretenue mais juste ce qu'il faut. L'itinéraire devient une déambulation assez facile dans une nature préservée. Qu'a-t-il fallu faire pour cela ? Creuser... creuser une tranchée gigantesque. À mains d'hommes, des hommes qui n'étaient pas libres... Sortir de cette voie ? La nature est faite de bois, de forêts, de ruisseaux et d'étangs. L'homme y a construit des châteaux avec la pierre trouvée sur place : Trégarantec à Mellionnec, Coatcouraval à Glomel, Kervézennec à Maël-Carhaix. Habitat, présence humaine. La nature a essayé d'y retrouver une place : les jardins sont magnifiques et la main de l'homme les a façonnés à la française : jardins en terrasse, bassins et vasques d'eau, pierre, balustrades en étangs et plantes aquatiques, symétrie... la cohabitation est plutôt réussie, les trois édifices faisant partie des parcs et jardins de Bretagne. Et puis, il y a la nature « sauvage ». Lann Bern et Magoar sont des sites classés « espaces remarquables de Bretagne ». Une lande et un marais, des prairies humides qui abritent plus de 400 espèces botaniques, 70 espèces d'oiseaux, des libellules et des papillons, et un verger conservatoire de pommiers. Un site ouvert toute l'année pour

Glomel, les landes de Lann Bern.

découvrir droseras, fauvettes, et damier de la succise, grâce à un observatoire panoramique, une mare pédagogique, et un sentier d'interprétation, aménagés avec l'aide du Conseil régional de Bretagne et du Conseil général des Côtes-d'Armor.

Etape 3 / De Cléden-Poher à Gouarec

La Grande Tranchée de Glomel

Les noms sonnent comme des batailles historiques le long du canal de Nantes à Brest : Hilvern, Glomel… Ce sont peut-être des combats menés au sommet, où l'homme est sorti vainqueur à quelque prix que ce soit.
Le sommet du canal… 185 m d'altitude, à 250 km de Nantes. Ici, pas question d'aller plus haut, la ligne de partage des eaux doit être franchie. Il va falloir creuser un fossé géant au niveau de Créharer. Malgré l'altitude, le lieu est en pays d'eau. Les sources et les étangs alimenteront la partie supérieure du canal jusqu'au Blavet d'un côté, jusqu'à l'Hyères de l'autre. Il ne reste plus qu'à imaginer comment décaisser cette percée à ciel ouvert à partir de 1822, 100 m de large pour 23 m de profondeur sur 3 km. La

Glomel, passerelle dans la tranchée.

terre et le schiste décompactés représentent alors 3 millions de mètres cubes à extraire à la main, la brouette ou la hotte. Une terre lourde, grasse, boueuse à cause des nombreuses sources. Ce sont six cents pauvres bougres, dont le grand malheur était d'avoir déserté qui seront condamnés aux travaux forcés. Entassés dans un camp de fortune, sans chauffage, gardés par cinquante gendarmes, ils voient l'espoir d'être graciés, s'ils arrivent au bout. Mais pour cela, il faudra neuf ans, neuf étés chauds, neuf hivers gelés ou pluvieux. Le paludisme sévit et les effectifs se réduisent. Les organismes s'épuisent. On assiste aux premiers décès. Et aux premières évasions. Quelques rares chanceux ne seront pas repris. Le chantier n'est pas encore fini qu'une nouvelle épidémie envoie la quasi-totalité des gendarmes et un quart de l'effectif des bagnards à l'hôpital de Rostrenen : le choléra ! Cette fois, il faut stopper. Le gros du travail est fait. Les populations locales termineront. Corrélativement, la construction du canal engendrera d'autres travaux comme le relèvement de la digue de l'étang du Korong jusqu'à 12 m. Depuis l'époque des ducs, elle était arrêtée à 5 m pour alimenter un moulin.

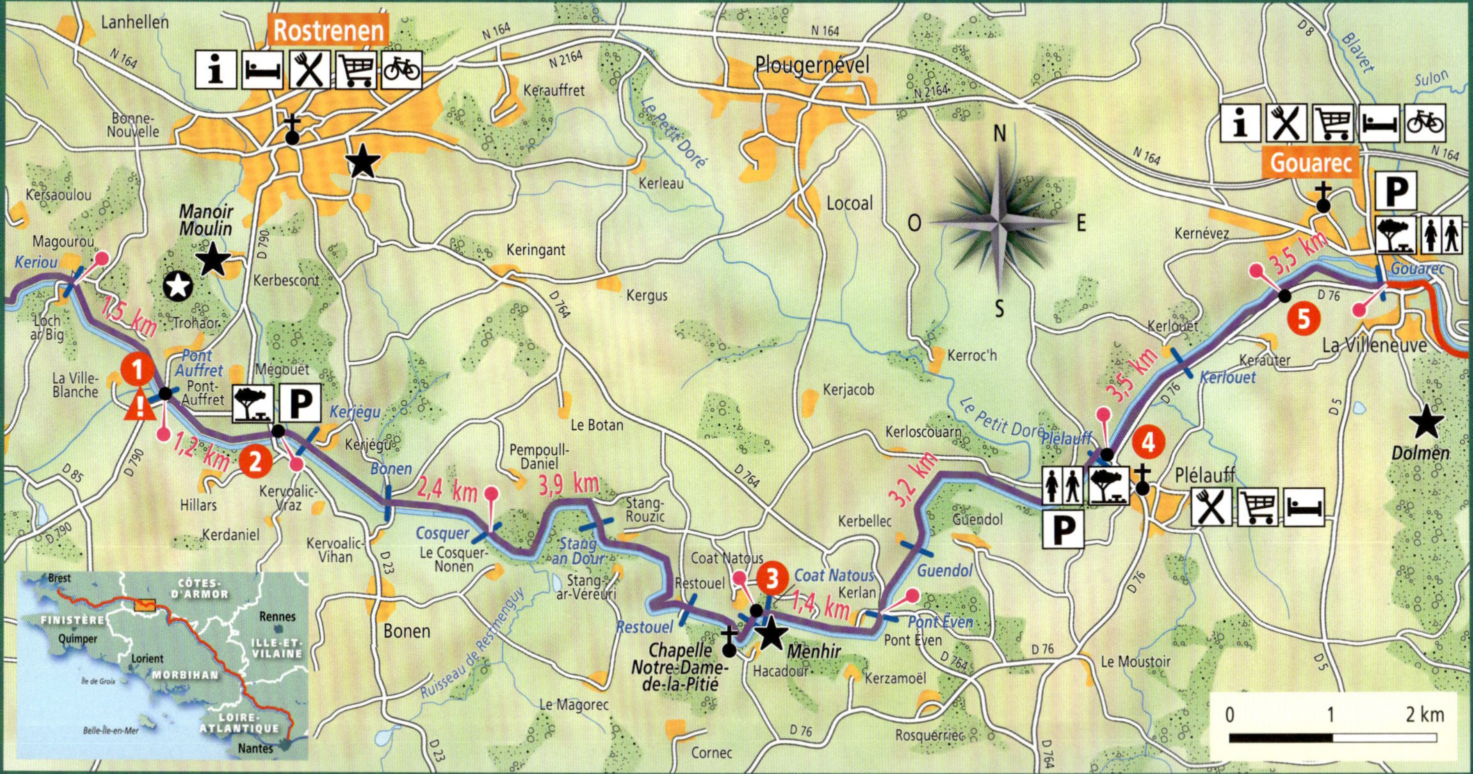
Rostrenen
Gouarec
Plougernével
Locoal
Lanhellen
Bonne-Nouvelle
Kersaoulou
Magourou
Keriou
Loch ar Big
La Ville-Blanche
Manoir Moulin
Trohaor
Kerbescont
Pont Auffret
Pont-Auffret
Megouët
Kerjégu
Kervoalic-Vraz
Kervoalic-Vihan
Hillars
Kerdaniel
Bonen
Cosquer
Le Cosquer-Nonen
Pempoull-Daniel
Le Botan
Stang an Dour
Stang-Rouzic
Stang-ar-Véreuri
Ruisseau de Restmenguy
Le Magorec
Restouel
Chapelle Notre-Dame-de-la-Pitié
Coat Natous
Menhir
Hacadour
Cornec
Kerlan
Pont Even
Kerzamoël
Rosquerriec
Kerbellec
Guendol
Kerloscouarn
Le Petit Doré
Pléiauff
Plélauff
Le Moustoir
Kerjacob
Kerroc'h
Kergus
Keringant
Kerleau
Kerauffret
Kernévez
Kerlouet
Kerauter
La Villeneuve
Dolmen
Blavet
Sulon
N 164
N 2164
D 790
D 85
D 23
D 764
D 76
D 5
D 8
N
S
E
O
1,5 km
1,2 km
2,4 km
3,9 km
1,4 km
3,2 km
3,5 km
3,5 km
1
2
3
4
5
0
1
2 km
Brest
CÔTES-D'ARMOR
FINISTÈRE
Quimper
Lorient
Île de Groix
MORBIHAN
Rennes
ILLE-ET-VILAINE
LOIRE-ATLANTIQUE
Belle-Île-en-Mer
Nantes

Etape 3 / De Cléden-Poher à Gouarec

De Rostrenen à Gouarec

❶ À l'écluse de Pont-Auffret, nous croisons la RD 790 avec peu de visibilité. Prudence !

❷ L'écluse de Kerjégu, joliment aménagée en aire de pique-nique, permet de rejoindre Rostrenen en passant par Kerbescont (manoir XVe et XVIe siècles, moulin, circuit pédestre dans le bois). Les barons de la Maison de Rostrenen s'illustreront souvent aux côtés des grandes figures de l'histoire de France.

❸ Après une courbe serrée, nous nous retrouvons au-dessus de la double écluse de Coat-Natous. La pente à dévaler est bien visible. En face, sur la rive opposée, en limite de Mellionnec, un espace entretenu entoure une chapelle et une fontaine : Notre-Dame de la Pitié (ou chapelle Saint-Gildas) du XVIe siècle. Édifiée par la famille de Boutteville, elle abrite une pietà et une statue de saint Gildas. Mellionnec, citée en 1278 dans un document de l'abbaye de Bon-Repos, est alors propriété des comtes du Léon. En 1291, elle sera réclamée par les Rohan.

Glomel, manoir de Coat Couraval.

❹ À l'entrée de Plélauff, nous poursuivons tout droit. Un petit détour dans le bourg nous donne l'occasion d'admirer de près les cloches de l'église. En effet, elles reposent sur 3 poteaux en bétons.

◆ *Plélauff : hébergement, restauration, commerces, aire de pique-nique, toilettes.*

❺ Le halage longe la route RD 76 pendant quelques centaines de mètres avant d'arriver à l'entrée de Gouarec.

◆ *Gouarec : « Escale d'une rive à l'autre », point information touristique, hébergement, restauration, commerces, aire de pique-nique, toilettes, location de vélos.*

Étape 4
De Gouarec à Saint-Gérand

La Vélodyssée® / Le Canal de Nantes à Brest

50 km

› Là où la volonté de l'homme passe... qui peut encore dire comment était le pays au temps des ducs ? Tant de changements, tant de bouleversements... Laisser une empreinte, une grandeur visible, imposante. Happés par l'époque moderne, nous remontons à la recherche d'un passé pour voir au-delà de l'apparent. Et pourtant, c'est grâce à ce présent que nous sommes sur le chemin. Pour combien de temps ? Le temps efface, remodèle, construit. Pourquoi ne pas s'arrêter un peu pour découvrir un pays et imaginer un futur comme un retour aux sources ? De la ville des foires et marchés à la cité d'Empire, la nature nous interpelle.

Lac de Guerlédan.

Étape 4 / De Gouarec à Saint-Gérand

Le Blavet

C'est un des plus beaux fleuves bretons. Il prend sa source à presque 300 m d'altitude entre Bourbriac et Bulat-Pestivien au sud-ouest de Guingamp, tout près du Léguer qui file de l'autre côté vers Lannion. Cent cinquante kilomètres plus loin, au sud, il se jette dans l'océan Atlantique entre Lorient et Port-Louis. Le Blavet, c'est une succession de méandres qui ont épousé toutes les failles et les anciennes collines du Massif armoricain. Le sol breton étant assez peu perméable, le Blavet possède un débit assez irrégulier et souvent volumineux. Les périodes les plus abondantes se situent en janvier et février, tandis que les basses eaux ont lieu en août et septembre.

Le Blavet à Pontivy.

Après un premier étang (du Blavet), il alimente la retenue d'eau de Kerné Huel puis s'engage dans les gorges du Toul Goulic. Frôlant Saint-Nicolas-du-Pélem, il plonge au sud vers Gouarec. Là, c'est son cours qui va décider du tracé du canal jusqu'à Pontivy s'engageant au passage dans les gorges de Liscuis, puis celles de Guerlédan. Contournant brusquement un promontoire au-dessus de Saint-Aignan, il dévale la plaine jusqu'à Pontivy. Un autre promontoire, Castennec, l'oblige à un demi-tour sur place. Curieusement, les deux sites sont occupés par le même personnage légendaire. Puis il s'élargit encore pour éviter Baud, tutoyer Quistinic, et offrir un stade d'eaux vives à Inzinzac-Lochrist. Enfin, il s'étale au pied d'Hennebont et de Lanester avant de s'engouffrer dans la rade de Lorient.

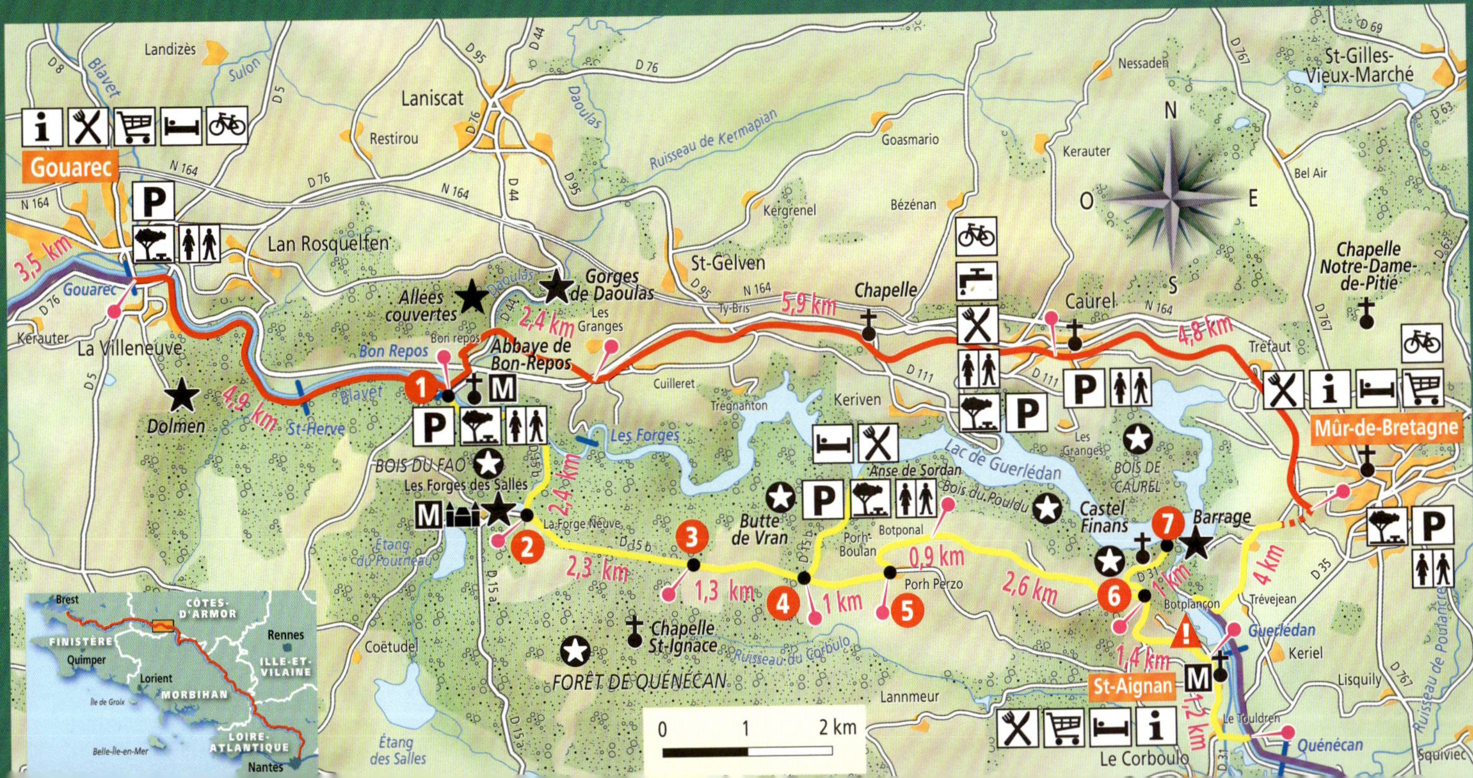
Gouarec
3,5 km
Gouarec
Landizès
Blavet
Sulon
Laniscat
Restirou
Lan Rosquelfen
La Villeneuve
Kerauter
Dolmen
4,9 km
St-Hervé
Blavet
Bon Repos
Allées couvertes
Gorges de Daoulas
2,4 km
Les Granges
Bon repos
Abbaye de Bon-Repos
BOIS DU FAO
Les Forges des Salles
Les Forges
2,4 km
La Forge Neuve
Étang du Fourneau
2,3 km
1,3 km
Butte de Vran
1 km
Porh Perzo
0,9 km
Botponal
Porh-Boulan
Anse de Sordan
Bois du Pouldu
Lac de Guerlédan
Castel Finans
2,6 km
1 km
Botplançon
Barrage
1,4 km
St-Aignan
1,2 km
Le Corboulo
Le Touldren
Quénécan
Guerlédan
Keriel
Lisquily
Trévejean
4 km
Mûr-de-Bretagne
4,8 km
Tréfaut
Chapelle Notre-Dame-de-Pitié
St-Gilles-Vieux-Marché
Nessaden
Kerauter
Bel Air
Caurel
Les Granges
BOIS DE CAUREL
Chapelle
5,9 km
Ty-Bris
St-Gelven
Kergrenel
Bézénan
Goasmario
Ruisseau de Kermapian
Daoulas
Cuilleret
Tregnanton
Keriven
Chapelle St-Ignace
Ruisseau du Corbulo
FORÊT DE QUÉNÉCAN
Coëtudel
Étang des Salles
Lanmeur
Ruisseau de Poulancre
Squiviec
N
S
E
O
0
1
2 km
Brest
CÔTES-D'ARMOR
FINISTÈRE
Quimper
Lorient
MORBIHAN
Rennes
ILLE-ET-VILAINE
LOIRE-ATLANTIQUE
Nantes
Île de Groix
Belle-Île-en-Mer

Étape 4 / De Gouarec à Saint-Gérand

De Gouarec à Saint-Aignan

◆ La variante de l'itinéraire par le sud du lac n'est pas fléchée. Elle n'est qu'une suggestion. Chacun peut l'emprunter sous sa propre responsabilité sans que celles de l'auteur et des aménageurs maîtres d'ouvrage ne soient engagées.

1 Depuis Gouarec, le chemin de halage nous amène vers l'écluse et l'abbaye de Bon-Repos. Si vous préférez la voie verte, suivez le fléchage EV1 Vélodyssée® jusqu'à l'entrée de Mûr-de-Bretagne. Sinon, voici une variante par le sud du lac.

2 Depuis l'écluse de Bon-Repos, « Escale d'une rive à l'autre », prendre la RD 15b le long du canal. Au premier étang des Forges, tourner à gauche vers Sordan-Saint-Aignan.

3 La route RD 15b traverse la forêt de Quénécan depuis les Forges des Salles. L'activité industrielle s'y est développée entre le XVIIe et le XIXe siècle. Le site est visitable.

4 Une route à gauche permet de descendre jusqu'à l'anse de Sordan. Unique site de loisirs sur la rive sud du lac, on y pratique la pêche, les activités nautiques, la plage et la randonnée pédestre, équestre, et VTT.

◆ *Anse de Sordan : hébergement, restauration, aire de pique-nique.*

Les Forges-des-Salles, le jardin.

5 Au carrefour de Porh Perzo, prendre à gauche.

6 Traverser Botponal et aller jusqu'à Botplançon.

7 Avant de rejoindre Saint-Aignan par la RD 31, aller jusqu'au parking pour découvrir le barrage, Castel-Finans et la chapelle Sainte-Tréphine. La légende en a fait le château du cruel Conomor, proche du personnage de « Barbe-Bleue », assassinant femmes et enfants. L'intervention de saint Gildas ressuscitera l'un d'eux qui finira par accomplir la prophétie de tuer son père lors d'une bataille.

◆ À la sortie de Saint-Aignan, un pont nous ramène sur le chemin de halage.

Etape 4 / De Gouarec à Saint-Gérand

L'abbaye de Bon-Repos

Impossible de l'ignorer… Malgré les dégradations du temps, l'édifice dégage toujours autant de présence, de force. Huit cents ans après sa fondation, des compagnons ont entrepris de lui redonner un peu de vie… En 1184, le vicomte Alain de Rohan chasse sur ses terres. Soudain, une apparition de la Vierge. Elle lui parle et lui demande de fonder en ce lieu une abbaye. Là et pas ailleurs ? Certainement parce que dans les temps plus anciens, les hommes y avaient déjà élu domicile : au néolithique, à l'époque gauloise, au temps des barbares et du cruel Conomor… l'abbaye prospère au Moyen Âge. Pendant quatre cents ans, treize vicomtes de Rohan et leurs épouses seront inhumés dans la crypte. Devenue abbaye royale au XVIe siècle, sa déchéance la ruine en moins de cent cinquante ans. Les intrigues et les révoltes s'y succèdent. Guerres de Religion, révolte des Bonnets Rouges… Il faut attendre 1683 pour qu'un abbé lui redonne honneur et probité, mais c'est la Révolution et les Chouans qui achèvent sa destruction et le départ des moines. La construction du canal de Nantes à Brest permettra aux ouvriers de s'y abriter le temps des travaux. Et puis un long oubli l'envahit d'herbes folles et de buissons… Sont-ils aussi fous ces compagnons du XXe siècle ? Redonner vie à une telle œuvre ? 1986… Ils se lancent dans l'aventure. En vingt ans, le cloître, l'aile Est et une partie de la toiture sont nettoyés et remis à neuf. Expositions, spectacles, art contemporain, et un formidable son et lumière chaque mois d'août pour ne pas oublier…

Bon-Repos, l'abbaye dans le canal.

Étape 4 / De Gouarec à Saint-Gérand

Le lac de Guerlédan

Si la navigation fluviale s'est interrompue avec l'arrivée du barrage, les activités se sont diversifiées. Les pêcheurs continuent de traquer le sandre, la perche, et le brochet, moyennant une approche en bateau, plus efficace pour se trouver au-dessus du lit de l'ancien cours d'eau. Autres bateaux, autres activités : les petits voiliers et canaux à moteurs peuvent naviguer pour des minis croisières. Envie de rester au bord ? Prenez une barque ou un pédalo. Envie de vous faire chouchouter ? La croisière panoramique et gastronomique sur le Duc de Guerlédan est faite pour vous. Volonté de fun et de sensation ? Louez un canoë-kayak, ou chaussez les skis nautiques, ou déployez la planche à voile... Sur la rive, les petites plages et la baignade restent assez agréables. Le cheminement autour du lac se fait aujourd'hui le plus au bord possible grâce à des aménagements conséquents. Plus de 40 km pour effectuer un tour complet. Chaussures et sac à dos... les magnifiques points de vue, les passages escarpés, les chemins ombragés, les sentiers au bord de l'eau se succèdent. D'autres itinéraires VTT et équestres complètent le tour pédestre. Les sites à visiter aussi : Saint-Aignan, le barrage et le musée, la butte de Castel-Finans et la chapelle Sainte-Tréphine, Sordan, les Forges des Salles, l'abbaye de Bon-Repos, les gorges du Daoulas, les landes de Liscuis et les mégalithes, Caurel et ses sentiers de découverte du patrimoine ardoisier, Beau Rivage, Mûr-de-Bretagne et l'anse de Landroannec...

Guerlédan, loisirs nautiques.

Mûr-de-Bretagne
Vers Gouarec
D 164
D 767
Ruisseau de Poulancre
Squiviec
Lisquily
Ruisseau de Perchénic
N
E
S
O
Neulliac
Kerlefen
Penhouët Maro
Croix Carmez
Carmez
Trémeler
D 125
D 35
Keriel
Kerberic
Trévejean
Kerihuel
0,7 km
1,5 km
1,8 km
3,9 km
1,7 km
5,1 km
1,3 km
2,8 km
Guerlédan
Quénécan
Kergoric
Le Blavet
Poulhibert
Poulhibet
St-Samson
Trémer
Coh Carnez
Le Clézio
Perzo
Le Stumo
Stumo
Bolorè
Langlo
Dilien
Auquinian
Trescleff
Kerlierno
Le Porzo
Porzo
Barrage
Castel Finans
BOIS DE CAUREL
Les Granges
Lac de Guerlédan
D 31
St-Aignan
Le Touldren
Le Corboulo
D 156
D 18
Vers Cléguérec
Boloré
Quistillic
Kerfulus
Keranroué
La Boulaye
Ruisseau du Guernic
Lintever
D 15
0
0,5
1 km
Brest
CÔTES-D'ARMOR
Rennes
FINISTÈRE
Quimper
Lorient
ILLE-ET-VILAINE
MORBIHAN
Île de Groix
Belle-Île-en-Mer
LOIRE-ATLANTIQUE
Nantes

Étape 4 / De Gouarec à Saint-Gérand

De Saint-Aignan (Mûr-de-Bretagne) à Neulliac

◆ Depuis Gouarec et Bon-Repos, nous avons suivi le fléchage EV1-V6 sur les 13 km de l'ancienne voie ferrée jusqu'à l'entrée de Mûr-de-Bretagne.

◆ Mûr-de-Bretagne : office de tourisme, hébergement, restauration, commerces, aire de pique-nique, toilettes, location de vélos.

❶ Avant l'ancienne gare, prendre le petit chemin à droite sur environ 300 m pour rejoindre la route au poste électrique. Tourner à gauche vers Kerihuel et s'engager dans une descente (7 % !) jusqu'au pied du barrage.

❷ Depuis la construction du barrage, le canal et le chemin de halage ont été interrompus, d'où ce contournement. À partir du site de production électrique, nous retrouvons le bord aménagé de la voie d'eau.

❸ À Quénécan, le Blavet croise la RD 35. C'est la seule voie qui permet de rejoindre Saint-Aignan sur la rive droite.

◆ Saint-Aignan : « Escale d'une rive à l'autre », point information touristique, hébergement, restauration, commerces, aire de pique-nique, toilettes.

Saint-Aignan, le barrage hydro-électrique.

◆ Le temps d'une pause, Saint-Aignan permet de visiter le musée de l'électricité, ainsi que l'église Saint-Aignan (XVe siècle) et son magnifique Arbre de Jessé en bois sculpté polychrome. Les plus courageux remonteront la route jusqu'au sommet du barrage, pour le point de vue et pour découvrir Castel-Finans, motte castrale du cruel Conomor, et la chapelle Sainte-Tréphine.

❹ La descente du Blavet se poursuit dans de grandes courbes qui contournent plusieurs gravières.

Etape 4 / De Gouarec à Saint-Gérand

Saint-Aignan, l'électricité au musée

Après la Première Guerre mondiale, les besoins en énergie se trouvent considérablement accrus et l'électrification du territoire apparaît comme un besoin vital.

Un ingénieur pontivien, de retour au pays, émet une idée folle : relier les deux collines au-dessus de Saint-Aignan pour créer un barrage hydroélectrique. Déjà, dans les Alpes, quelques réalisations existent, mais aucune de cette ampleur. Le barrage, c'est forcément une retenue d'eau. Noyer une partie de la vallée encaissée qui arrive depuis Gouarec ? Pas de village important. Tout au plus dix-sept maisons éclusières avec les dépendances, les jardinets... Et dix-sept écluses. Et le canal... Ouvert depuis environ quatre-vingts ans, son intérêt commence à peser nettement moins lourd face à un concurrent redoutable : le chemin de fer. La Société générale d'Entreprise se saisit du projet et démarre les travaux en 1923. Le contrat initial prévoit que la navigation fluviale sera rétablie grâce à la construction d'un ascenseur à bateau. En 1931, l'exploitation officielle peut démarrer. L'ouvrage est un barrage-poids de 206 m de long au sommet, 45 m de hauteur et 33 m d'épaisseur à la base. La retenue d'eau est de 52 millions de mètres cubes avec une profondeur pouvant atteindre 50 m. La surface est de 400 ha, tout en longueur sur 12 km. Le lac est devenu un lieu de tourisme de nature de première importance. Seule la clause de l'ascenseur à bateau ne fut pas honorée. A Saint-Aignan, un musée de l'électricité permet de mieux comprendre les enjeux, et l'évolution technologique qu'elle représente.

Saint-Aignan, musée de l'Electricité.

étape 4 / De Gouarec à Saint-Gérand

Pontivy

Le pont d'Ivy n'a pas de source attestée pour garantir l'origine de la ville. Le moine écossais se serait établi au bord du Blavet et y aurait jeté un pont. Son ermitage serait l'acte fondateur du lieu de vie dont il est le saint patron. Mais les premiers écrits qui parlent de Pontivy datent du XIIe siècle. Les vicomtes de Rohan obtiennent une partie du Porhoët et assoient progressivement leur implantation jusqu'à bâtir au XIVe siècle une forteresse, siège de leur pouvoir. De cette époque, on peut encore voir maisons à colombage, place du Martray... Les époques troublées vont faire trembler Pontivy : la Réforme protestante s'y implante durablement avant que Mercœur et les Espagnols n'occupent les lieux. La révolte des Bonnets Rouges laisse un souvenir sanglant, de même que l'engagement républicain de la ville au temps de la Révolution. C'est en 1804 que l'Empereur jette son dévolu sur ces contrées instables et incite à changer Pontivy en Napoléonville. L'urbanisme change, devient rectiligne, éclairé, large, fastueux. Les services et administrations se développent (Pontivy est toujours sous-préfecture du Morbihan). L'activisme breton y sera actif dès les années 1930. Aujourd'hui, Pondi (en breton) accueille chaque année la finale du Kan ar Bobl (musique et chants) et est au départ de manifestations culturelles contemporaines comme l'Art dans les chapelles.

Pontivy, le château des Rohan.

Cléguérec
Ruisseau du Guernic
La Boulaye
Kerlierno
Trémeler
Vers Neulliac
Kerlefen
Le Moustoir
Penhoëdo
St-Drédeno
Le Couëdic
1,3 km
Le Porzo
Carmez
Porzo
Croix Carmez
Penhouët Maro
Les Quatre Vents
Le Grével
Kergoff
Kervégan
Le Roz
Kerpoinner
Échelle de 9 écluses
Kergouët
Joli Cœur
2,7 km
2 km
Vers St-Gérand
Lintever
Locmaria
N
O
E
S
2,8 km
Kernaud
Caroual
Guernal
Météiau
Kerveno
4,6 km
La Haye
La Villeneuve
Kerdudaval
Kerguistin
Le Logeo
Stival
2,7 km
Malguénac
La Villeneuve du Gros Chêne
Le Four à Chaux
Manoir
1,3 km
Kerver
Le Ponteau
Talcoët-Noyale
Ruisseau de St-Niel
La Cascade
Kerduchat
Tréleau
Pontivy
Brest
Côtes-d'Armor
Rennes
Finistère
Quimper
Ille-et-Vilaine
Lorient
Morbihan
Île de Groix
Loire-Atlantique
Belle-Île-en-Mer
Nantes
0
0,5
1 km
D 156
D 125
D 15
D 764
D 159
D 767
D 191
D 32
D 768bis
D 768
D 2

Étape 4 / De Gouarec à Saint-Gérand

De Neulliac à Saint-Gérand

❶ Dans un méandre assez prononcé, nous nous approchons de Neulliac. D'origine gallo-romaine (terre nouvellement défrichée), la commune compte un « Monument historique » (chapelle Notre-Dame-des-Carmes, XVe siècle) et une célébrité qui y est née, Jeanne Marie Le Calvé, plus connue sous le nom de « Mère Denis ».

◆ *Neulliac : hébergement, restauration, commerces, toilettes.*

❷ Nous sommes en approche de Pontivy, le long du Blavet canalisé. Quelques canoës utilisent le cours d'eau. Nous arrivons le long des terrains de sport. Le Blavet poursuit son cours. Rester à gauche le long du canal.

Pontivy, la péniche Duchesse Anne.

❸ Remonter jusqu'à la RD 767 (prudence !) et changer de côté du halage pour sortir de la ville. Pour faire une pause à Pontivy, s'engager dans la rue du Général-de-Gaulle ou sur le quai des Recollets.

◆ *Pontivy : « Escale d'une rive à l'autre », office de tourisme, hébergement, restauration, commerces, aire de pique-nique, toilettes, location et réparation de vélos.*

❹ Entre Pontivy et Saint-Gérand, deux échelles d'écluses fleuries et paysagées se succèdent, en particulier au niveau des étangs du Roz.

◆ Changement de côté du halage à Saint-Drédeno.

◆ *Saint-Gérand : hébergement, restauration, commerces, aire de pique-nique, toilettes.*

La vélodyssée® / Le Canal de Nantes à Brest

50 km

Etape 5
De Saint-Gérand à Montertelot

> L'étape de tous les « passages »…. le franchissement des caps. La descente le long des écluses et le basculement sur l'autre bassin versant, l'abbaye lieu de ressourcement, la forêt et ses mystères, la forteresse gardienne, les chapelles bienveillantes, le combat héroïque et illusoire, sur la trace des pèlerins du Moyen Âge, la ville ducale… la progression de la quête, en toute humilité, laisse à croire à un aboutissement. Mais l'aventure continue au bout du chemin. Le duché de Bretagne a laissé de nombreuses traces vivantes. Le temps de sa splendeur est contrasté par ses faiblesses.

Josselin, le canal et le château

Étape 5 / De Saint-Gerand a Montertelot

Le Porhoët

Étroitement lié aux Rohan, le comté du Porhoët s'est formé à partir d'un fief constitué sur les territoires de Josselin, Ploërmel, Mauron, La Trinité-Porhoët, Rohan, La Chèze, Loudéac…

Son nom est riche d'enseignement car il dérive de « pou tre coet » et signifie « le pays à travers la forêt ». Cette grande forêt armoricaine couvrait toute la Bretagne intérieure avec certaines zones plus denses. Les restes s'appellent Paimpont, Lanouée, Loudéac… C'est sous le règne de Conan Ier de Bretagne qu'Eudon devint seigneur du Porhoët. Plus tard, au XIe siècle, Guethenoc bâtira une première motte féodale avant de fonder l'emplacement de la forteresse de Josselin. Un partage familial aboutit à la constitution du comté de Rohan et à une séparation des territoires pour plusieurs générations. Ce n'est qu'après 1407 et une succession de familles illustres (Fougères, Lusignan, Clisson) qu'un mariage reconstituera le territoire aux bénéfices des Rohan. Le pays qui traverse la forêt se fait soudain plus vallonné. La plaine de l'Oust entre dans les bois. À quelques tours de pédales, la forêt de Lanouée et le village des Forges symbolisent la grandeur passée du Porhoët. De là, nous pourrions aisément rejoindre Mohon et son camp des Rouets, La Trinité-Porhoët et son église, ses maisons à pans de bois, ou même La Chèze et son

Rohan, Notre-Dame de Bon-Encontre.

donjon. Entre les terres des Rohan, l'Oust, et Brocéliande, le Porhoët s'impose comme fondateur d'un territoire à travers le prisme des bois et de la forêt.

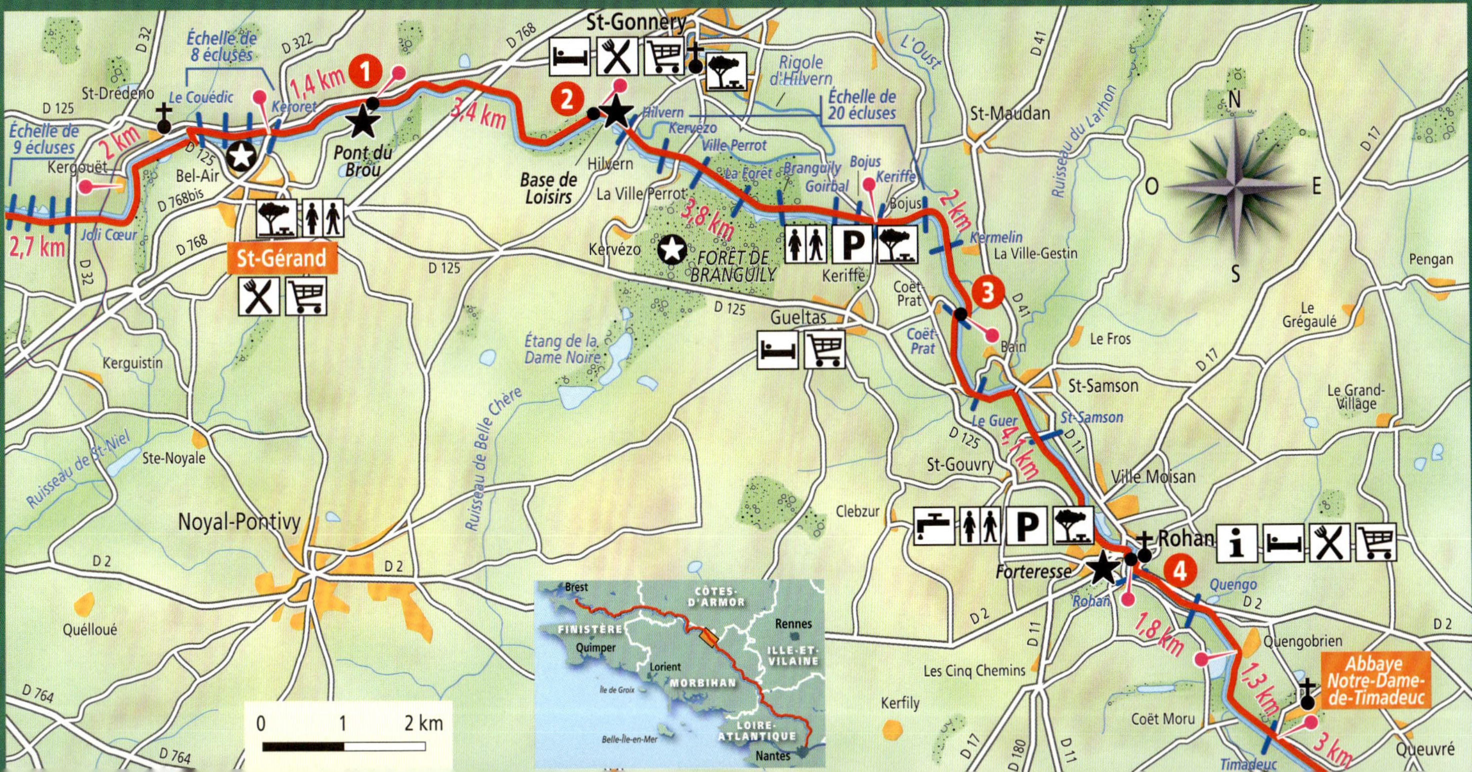
St-Gonnery
St-Gérand
Noyal-Pontivy
Rohan
Abbaye Notre-Dame-de-Timadeuc
Échelle de 9 écluses
Échelle de 8 écluses
Échelle de 20 écluses
2,7 km
2 km
1,4 km
3,4 km
3,8 km
2 km
4,1 km
1,8 km
1,3 km
3 km
Pont du Brou
Base de Loisirs
FORÊT DE BRANGUILY
Forteresse
Rigole d'Hilvern
L'Oust
Ruisseau du Larhon
Étang de la Dame Noire
Ruisseau de Belle Chère
Ruisseau de St-Niel
St-Dredeno
Kergouët
Joli Cœur
Le Couëdic
Keroret
Bel-Air
Hilvern
Kervézo
Ville Perrot
La Forêt
Branguily
Goirbal
Bojus
Keriffe
La Ville Perrot
Kermelin
La Ville-Gestin
Coët-Prat
Bain
Le Guer
St-Samson
Quengo
Timadeuc
St-Maudan
Gueltas
St-Gouvry
Clebzur
Ville Moisan
Le Fros
Le Grégaulé
Le Grand-Village
Pengan
Quengobrien
Coët Moru
Les Cinq Chemins
Kerfily
Queuvré
Kerguistin
Ste-Noyale
Quélloué
D 125
D 32
D 322
D 768
D 768bis
D 41
D 17
D 11
D 2
D 180
D 764
N
O
E
S
0
1
2 km
Brest
Quimper
Lorient
Île de Groix
Belle-Île-en-Mer
Rennes
Nantes
CÔTES-D'ARMOR
FINISTÈRE
MORBIHAN
ILLE-ET-VILAINE
LOIRE-ATLANTIQUE

De Saint-Gérand à Timadeuc

❶ Après Saint-Gérand, engageons-nous sous le vieux pont du Brou (XIXe siècle). D'ici quelques centaines de mètres nous basculons dans le bassin de l'Oust.

❷ Le franchissement… dans la tranchée d'Hilvern.

◆ *Saint-Gonnery : hébergement, restauration, commerces, aire de pique-nique.*

❸ La pente s'accentue et près d'une vingtaine d'écluses s'étalent en échelle depuis Hilvern. De là, une succession de petits bassins fleuris, d'accès à la forêt de Branguily, d'observation de nombreux oiseaux nous entraîne 60 m plus bas. À cet endroit, un cours d'eau vient rejoindre le canal : l'Oust ! Descendant des hauteurs des Côtes-d'Armor, c'est l'endroit que les ingénieurs avaient choisi pour bifurquer et franchir la ligne de partage des eaux. Le cheminement change de côté à l'écluse de Coët Prat. Nous longeons le village de Saint-Samson (accessible par une passerelle).

❹ L'arrivée dans Rohan. Moins imposante qu'elle ne le fut, la ville de Rohan est intimement liée à la puissante famille éponyme. La forteresse édifiée là, face à Notre-Dame de Bon-Encontre, et qui gardait un passage resserré sur le cours d'eau, était peut-être aussi imposante que ses voisines Josselin ou Pontivy. Le port, la halte nautique et les espaces verts constituent une pause très agréable pour les promeneurs.

Timadeuc, l'abbaye.

◆ Rohan : « Escale d'une rive à l'autre », point information touristique, hébergement, restauration, commerces, toilettes, aire de pique-nique.

◆ Changement de côté sur le halage au niveau de la traversée de la RD 2. D'incliné, le chemin de halage commence à s'aplanir de manière très perceptible.

Etape 5 / De Saint-Gérand à Montertelot

La Rigole d'Hilvern

Tous les amoureux du canal de Nantes à Brest connaissent et vibrent au nom d'Hilvern… Une rigole artificielle, avec un objectif aussi ambitieux ne peut que laisser admiratif. Le canal de Nantes à Brest est obligé de passer de la vallée du Blavet à celle de l'Oust. Creuser la colline ne fut pas un problème. Y amener l'eau pour qu'elle s'écoule régulièrement toute l'année des deux côtés fut plus complexe. D'où l'idée d'un « mini-canal », un aqueduc « naturel ». Aller chercher l'eau à 62 km de là, sur la commune d'Allineuc, construire un barrage pour obtenir une retenue d'eau permanente (74 ha) à Bosméléac, creuser et maçonner un fossé de 1,50 m de profondeur et 2 m de large, ombragé pour éviter l'évaporation, calculer une pente minimale mais constante de 3 mm par mètre ! (moins de 20 m de dénivelé sur les 62 km de longueur), le déverser dans le canal à hauteur de l'écluse d'Hilvern pour compenser les 3000 litres d'eau qui s'évacuent à chaque éclusage… Les ingénieurs n'eurent pas trop de difficulté à effectuer les calculs et les relevés de terrain. En moins de trois ans, de 1835 à 1838, quatre ans avant la mise en service définitive du canal, le gros œuvre était réalisé. C'est après, que les difficultés commencèrent… Le problème principal de la rigole était son étanchéité. Les champs riverains furent souvent inondés. Le colmatage prit plusieurs années. L'eau arrivant dans une rigole, il fallut surveiller les 62 km pour éviter le détournement au profit des cultures, entretenir les berges, nettoyer les feuilles mortes pour éviter l'envasement… Abandonnée de nombreuses années, aujourd'hui, la rigole reprend vie, retrouve les promeneurs au fur et à mesure que les aménagements réalisés par le département des Côtes-d'Armor avancent. La Rigole d'Hilvern renaît !

étape 5 / De Saint-Gérand a Montertelot

Gueltas et la forêt de Branguily

L'origine du bourg serait apparentée à saint Gildas qui l'aurait fondé. Un autre moine, Gonnery, aurait séjourné dans la forêt. Territoire de chasse des Rohan, les 500 ha sont aujourd'hui un lieu de promenade fort agréable avec les étangs attenants... Des espaces remarquables pour leur biodiversité. Ouvrez l'œil...

Rohan

Le duché de Bretagne fut souvent marqué par cette dynastie puissante. Dès le XIIe siècle, un vicomte Alain de Rohan établit un château fort au-dessus de l'Oust. Garnison fortement protégée, lieu de résidence des seigneurs (Josselin viendra bien après). Mais les guerres successives en Bretagne vont mettre à mal le symbole du règne des Rohan : guerre de succession au trône du duché, guerre de l'indépendance bretonne, guerre de la Ligue, guerres de Religion... Les Rohan soutiendront le parti de France, s'engageront auprès des protestants... autant de convictions qui attiseront la colère des Montfortistes, puis des catholiques. Le château de Rohan subira un dernier assaut en 1594 qui aura raison de sa superbe. La ville profitera grandement du réemploi des matériaux : ponts, halles, chapelles, hangars et greniers, quais... même l'abbaye de Timadeuc bénéficiera des pierres du château. La ville de Rohan présente aujourd'hui une vie touristique et patrimoniale dynamique : Roch'an feu, le festival musical, la halte nautique labellisée « Escale d'une rive à l'autre », les activités de loisirs nature, Notre-Dame de Bon-Encontre (« Monument historique » depuis 1922, édifié au XVe siècle), l'abbaye de Timadeuc.

Josselin

Étape 5 / De Saint-Gérand à Montertelot

De Timadeuc à Josselin

❶ À l'entrée d'une longue ligne droite, une route communale s'élève pendant 800 m pour atteindre l'abbaye de Timadeuc. Fondée en 1841, elle transforme l'ancien manoir de « Thymadeuc » et est consacrée en 1846. Aujourd'hui, les moines cisterciens accueillent les visiteurs et vendent leurs productions agricoles.

❷ À l'écluse de Cadoret gaiement aménagée, la route permet de se rendre aux Forges. Créées en 1756 par le duc de Rohan, les Forges de Lanouée vont fonctionner jusqu'en 1864. Il en reste un haut-fourneau et un château du XIXe siècle, ainsi que la chapelle de Notre-Dame de Toute-Aide (1760). La forêt proche s'étend sur 4000 ha.

◆ *Les Forges : restauration, commerces, aire de pique-nique.*

❸ Écluse de la Tertraie. En traversant le pont, nous accédons rapidement à la chapelle et au village de Pomeleuc.

❹ Changement de côté du halage en profitant de l'ancien pont en pierre de la RD 764 à Bocneuf-la-Rivière.

◆ *Bocneuf : commerces, toilettes.*

❺ Le cheminement se poursuit le long des cultures et des prairies pour atteindre la base de loisirs du Rouvray. Une passerelle métallique (avec escaliers !) permet d'accéder à quelques services pour une pause *(aire de pique-nique, toilettes)*.

Lanouée, chapelle de Pomeleuc.

❻ Le passage sous la RN 24 est sommaire et peu aménagé.

❼ À Josselin, le passage au pied du château, malgré la circulation automobile, est un moment impressionnant.

Le château de Josselin.

Étape 5 / De Saint-Gérand à Montertelot

Josselin

Le périple est forcément marqué d'images fortes. Souvent, notre mémoire se souvient de l'arrivée, le long du canal et de cette muraille infranchissable avec ses trois tours pointues… pourtant c'est une ville chargée d'histoire et de patrimoine, de foi, qui entoure cet imposant vestige féodal. Josselin est une cité d'eau. Baignée par l'Oust, délimitée par plusieurs ruisseaux formant des zones de verdure et de promenade, labellisée « Escale d'une rive à l'autre », l'eau délimite cruellement la rive opposée formée par le quartier Sainte-Croix et son ancien prieuré. Sur l'autre face du rempart, un joyau de la renaissance s'ouvre face à la ville. Le médiéval redonne à la cité son faste seigneurial, ses joutes, ses rues enflammées, sa vie retrouvée. Le reste de l'année, nous pouvons aussi admirer la collection du musée de poupées du monde entier, dirigé par Antoinette de Rohan. Au centre de la cité, une basilique Notre-Dame du Roncier accueille les pèlerins chaque huitième jour du mois de septembre, en souvenir d'une statue de la Vierge trouvée dans un buisson par un paysan. La statue, déposée ailleurs, se retrouvait mystérieusement chaque matin au milieu du buisson. On y construisit le sanctuaire. Josselin est aussi une étape importante sur la route des pèlerins de Saint-Jacques-de-Compostelle.

Josselin, rues médiévales.

connétable Olivier de Clisson en fera son quartier général. Son tombeau et celui de son épouse Marguerite de Rohan sont dans la basilique. Tous les deux ans, le 14 juillet, un festival

101

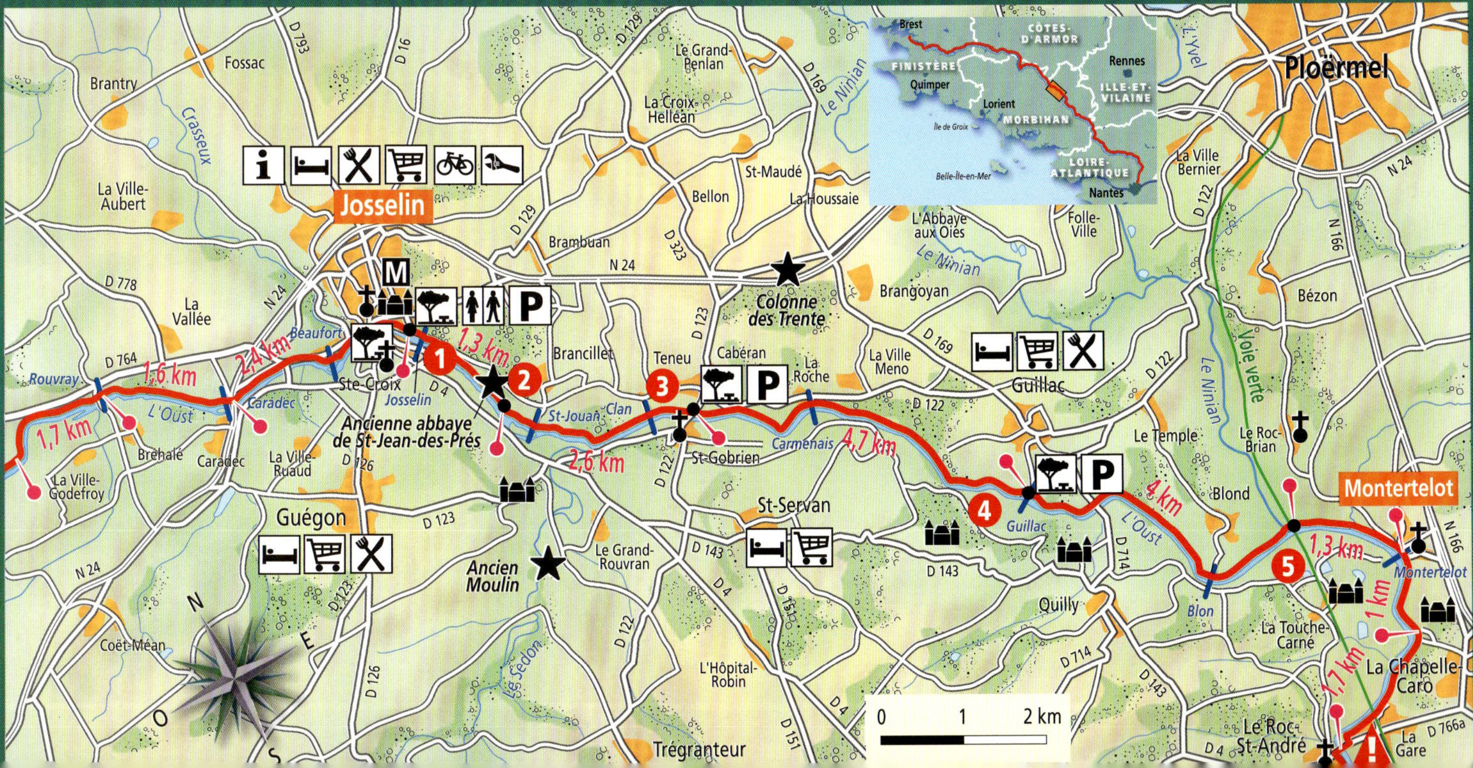

Ploërmel

Montertelot

Josselin

Étape 5 / De Saint-Gérand à Montertelot

De Josselin à Montertelot

1 Le quai fluvial nous accueille à Josselin. Face à nous, la muraille immense et les tours… la puissance et l'immuabilité de la pierre au-dessus de l'eau.

◆ *Josselin : « Escale d'une rive à l'autre », office de tourisme, hébergement, restauration, commerces, aire de pique-nique, toilettes, location et réparation de vélos.*

2 En poursuivant, nous longeons l'hippodrome et l'ancienne abbaye de Saint-Jean-des-Prés. Fondée entre 1130 et 1156, elle hébergeait des chanoines réguliers qui y vivaient selon la règle de saint Augustin.

3 Sans y prêter attention, nous pourrions passer à côté de Saint-Gobrien. Il faut traverser le pont sur le canal pour accéder au village. La chapelle Saint-Gobrien (1548) fut construite grâce au mécénat d'Olivier de Clisson.

◆ *Saint-Gobrien : aire de pique-nique.*

◆ *Saint-Servant : hébergement, commerces.*

4 Après quelques courbes ombragées, l'écluse de Guillac offre un petit havre de tranquillité pour une pause rafraîchissement – pique-nique.

◆ *Guillac : hébergement, restauration, commerces, aire de pique-nique.*

◆ C'est sur la commune de Guillac que s'est déroulé le célèbre combat des Trente le 26 mars 1351.

5 Au niveau du pont des Deux-Rivières, les voies vertes se croisent à nouveau. La voie V3 Saint-Malo - Rhuys permet d'accéder à Ploërmel, cité ducale. Sept circuits de Vélo Promenades® sillonnent le territoire.

Saint-Servant-sur-Oust, église Saint-Gobrien.

Etape 6
De Montertelot à Redon

La Vélodyssée® / Le Canal de Nantes à Brest

50 km

› Obligés à une grande boucle vers la gauche avant le Roc Saint-André, l'occasion est belle de découvrir Montertelot. Le canal récupère le Ninian et l'Yvel. Puis il entame sa descente dans la vallée jusqu'à se faufiler discrètement à l'extrémité Est des Landes de Lanvaux. Suivant le tracé de la rivière, il épouse les reliefs alentour, arrose Malestroit et absorbe la Claie. Perle de l'Oust, la ville se distingua par la signature d'une trêve entre Français et Anglais en 1343. Saint-Vincent, Saint-Martin, Saint-Laurent… nous sommes sur l'Oust. Du pays de Viviane, nous voilà arrivés sur les terres de la dame blanche des marais.

Tourisme fluvial à Malestroit.

Etape 6 / De Montertelot à Redon

La vallée de l'Oust

Vallée de l'Oust, val d'Oust, basse vallée de l'Oust, val d'Oust et Lanvaux… les noms résonnent. Richesse paysagère, richesse environnementale. L'Oust est d'abord le cours d'eau qui descend des Côtes-d'Armor. Il s'est glissé entre les vallons, a cherché et a trouvé des passages inattendus, étroits. Il a arrosé des plaines alluvionnaires, il a alimenté des marais, des zones humides. Il récupère et collecte le Ninian, la Claie, l'Aff, l'Arz. Il se déverse dans la Vilaine. Et entre-temps, il trouve le moyen d'alimenter pleinement le canal de Nantes à Brest. Parler de la vallée de l'Oust, c'est souvent évoquer Saint-Vincent-sur-Oust, Peillac, Glénac… La diversité des paysages et leur fragilité en font aussi leur grand intérêt. Le site de l'île aux Pies et le mortier de Glénac focalisent l'attention. Vu de dessus, le relief dessine clairement la zone extrêmement plate et marécageuse formée par l'arrivée de l'Oust et sa jonction avec l'Aff, puis leur échappatoire obligée, comme un goulet d'étranglement au niveau du rocher de l'île aux Pies. Les écosystèmes se côtoient en harmonie, pourvu qu'on ne les force pas à se modifier. Zones d'eau, prairies humides, marais. Les oiseaux, les batraciens, les poissons, la flore des marais, les arbres et arbustes, toute une biodiversité évolue dans une nature préservée. Les activités humaines ne sont pas exclues pour autant. Les plaisirs simples, les loisirs « fun », l'observation et la compréhension… peu manquent à l'appel, dans le respect de cet environnement exceptionnel.

Brume le long du canal.

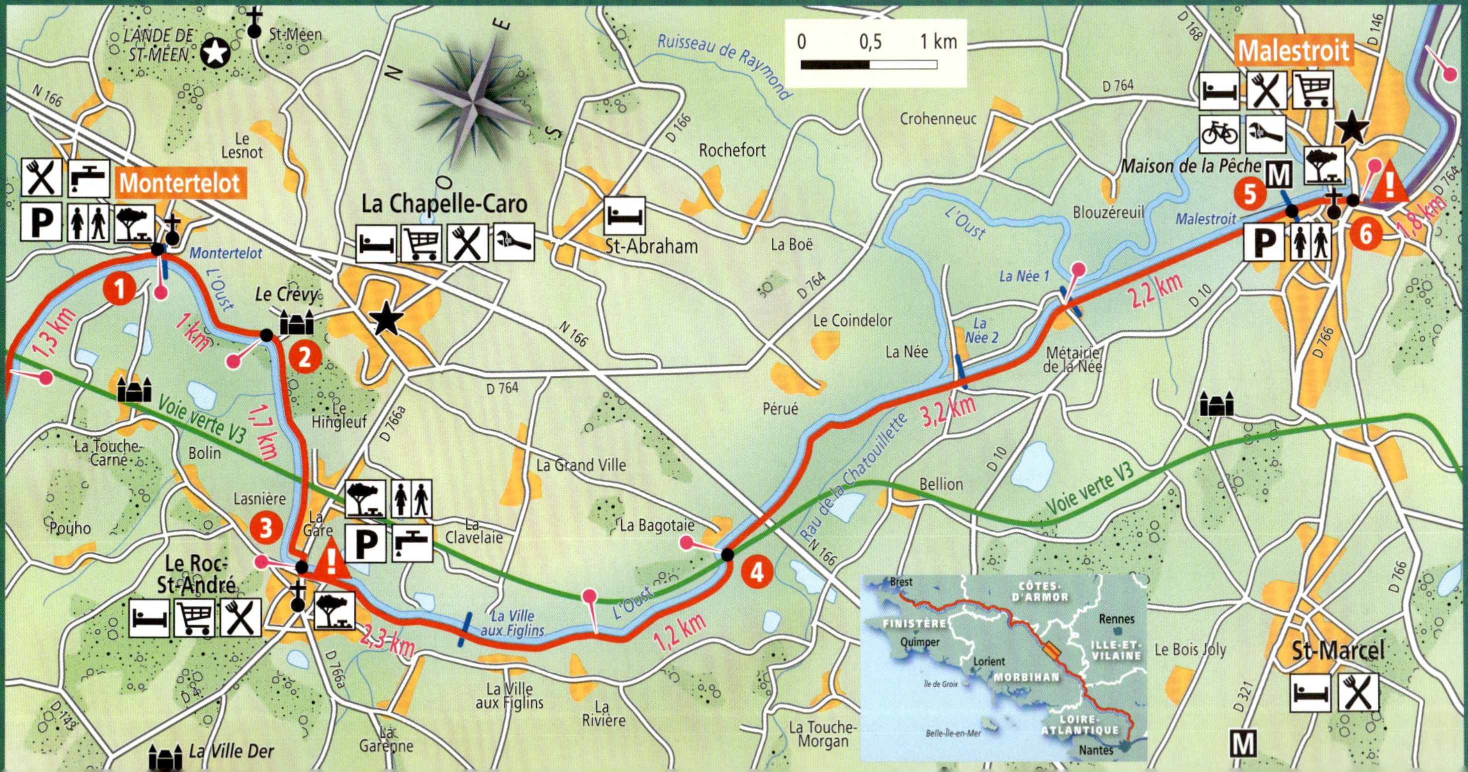
Montertelot
Malestroit
La Chapelle-Caro
St-Abraham
Le Roc-St-André
St-Marcel
Maison de la Pêche
LANDE DE ST-MÉEN
St-Méen
Le Lesnot
Le Crévy
Le Hingleuf
La Touche-Carné
Bolin
Lasnière
La Gare
Pouho
La Clavelaie
La Grand Ville
La Bagotaie
La Ville aux Figlins
La Rivière
La Garenne
La Ville Der
La Touche-Morgan
Rochefort
La Boë
Le Coindelor
La Née
Pérué
Bellion
Crohenneuc
Blouzéreuil
Métairie de la Née
Le Bois Joly
L'Oust
Ruisseau de Raymond
Rau de la Chatouillette
La Née 1
La Née 2
Voie verte V3
N 166
D 764
D 766a
D 166
D 10
D 766
D 321
D 168
D 146
D 4
D 143
0
0,5
1 km
N
E
S
O
1,3 km
1 km
1,7 km
2,3 km
1,2 km
3,2 km
2,2 km
1,8 km
1
2
3
4
5
6
Brest
Quimper
Lorient
Rennes
Nantes
Île de Groix
Belle-Île-en-Mer
FINISTÈRE
CÔTES-D'ARMOR
ILLE-ET-VILAINE
MORBIHAN
LOIRE-ATLANTIQUE

Étape 6 / De Montertelot à Redon

De Montertelot à Malestroit

1 Les arbres centenaires nous guident jusqu'à Montertelot. La fontaine et l'église Saint-Laur, les espaces aménagés, l'aménagement pédagogique de la frayère à brochets... Tout est fait pour une pause très agréable.

2 Avant un nouveau croisement de la V3, les fondations du château du Crévy apparaissent et offrent l'opportunité de rejoindre La Chapelle-Caro.

◆ *La Chapelle-Caro : hébergement, restauration, commerces, aire de pique-nique, réparation de vélos.*

3 Changement de côté du halage, au pont du Roc Saint-André.

◆ Attention à la traversée de la RD 766.

◆ *Le Roc Saint-André : hébergement, restauration, commerces, aire de pique-nique.*

4 Les voies de communication s'enchevêtrent joyeusement pour donner la liberté de s'évader ou de changer d'itinéraire. Outre le passage sous la 2 x 2 voies RN 166, nous croisons la voie verte V3, ancienne voie ferrée Mauron-Questembert, devenue voie verte régionale Saint-Malo - Rhuys. Des panneaux indiquent aussi les Vélo Promenades® n° 15 et 16 du val d'Oust et Lanvaux.

5 Le canal s'étale sur les plaines sableuses et autour des gravières, avant d'arriver à la Maison de la pêche. Malestroit, « Petit Cité de caractère », ses ruelles médiévales, l'îlot de verdure, méritent une pause prolongée.

◆ *Malestroit : « Escale d'une rive à l'autre », office de tourisme, hébergement, restauration, commerces, toilettes, aire de pique-nique, location et réparation de vélos.*

6 La traversée de Malestroit est marquée par le pont fleuri de la RD 776 et le quai d'amarrage.

À noter, au-dessus du quai, un bateau un peu différent de ceux qui naviguent sur le canal : le voilier de Roger Plisson a fait le tour du monde.

◆ Prudence ! Attention au passage sous les deux ponts en pierre. Ils sont surbaissés et nécessitent de poser pied à terre.

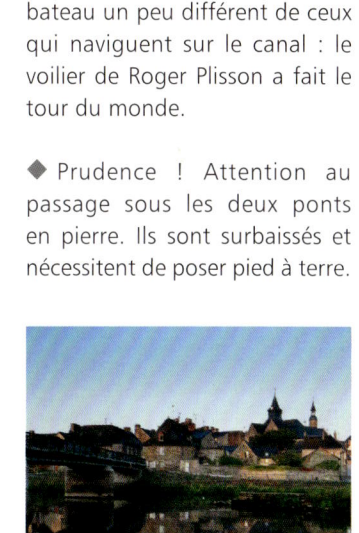

Malestroit.

Etape 6 / De Montertelot à Redon

Ploërmel, cité ducale

Le peuple d'Armel, moine capable de terrasser un dragon, s'installe non loin de la rivière et de l'étang. Une enceinte fortifiée voit très tôt le jour. Les maisons aux fondations de pierre et à pans de bois prennent le relais des logis de planches. Au XIIIe siècle, les ducs Jean, Arthur, essaiment des résidences un peu partout en Bretagne.

Ploërmel, ville forte d'une douzaine de tours, percée de quatre grandes portes, au rempart adossé à une église, devient le centre vital du duché. Les états de Bretagne s'y réunissent à plusieurs reprises. Les revues d'Ost (état des forces, recensement, et assurance du soutien des vassaux) s'y déroulent. Les hérauts d'armes ont rédigé et conservé partiellement celle du mois d'août 1294 à Ploërmel. Le duc est en résidence dans son hôtel de la ville. Il dispose aussi d'un logis, probablement situé plus près du lac, proche de la construction originelle sur le promontoire des Grands Moulins. Ploërmel va croître et s'agrandir à partir de ces temps glorieux. L'église Saint-Armel, bâtie au XIVe siècle, abrite les tombeaux de Jean II et Jean III. À la mort de ce dernier, la guerre de succession commence. La ville tombe assez vite aux mains des Montfort et sera une garnison anglaise, dirigée par le capitaine Bemborough, face au bastion franco-breton de Josselin. C'est en 1351 que les deux camps se retrouvent à mi-voie pour en découdre, dans un épisode fameux appelé combat des Trente. Par la suite, la cité des ducs et leurs résidences sont occupées par des congrégations religieuses, la ville garde son aura, sa prépondérance administrative (elle est une sénéchaussée très étendue) jusqu'à devenir sous-préfecture, statut qu'elle perdra en 1926.

Ploërmel, Maison des Marmousets.

Etape 6 / De Montertelot à Redon

Malestroit

Malestroit, une perle sur l'Oust depuis plus de mille ans. Bien avant l'apparition du canal, la voie d'eau était un lien de communication, un lieu stratégique. Au début du Moyen Âge, les premiers seigneurs édifient une motte féodale en bordure de la rivière. Ils y gardent un pont et prélèvent un péage, ils y construisent un moulin et s'octroient des dîmes, ils commencent à faire transiter des marchandises sur l'eau. La motte féodale se transforme vite en lieu de vie, protecteur, commerçant. Les maisons s'organisent autour de l'église. Les foires et marchés deviennent réputés. Le lin et le chanvre transitent, s'échangent. La cité brille à l'apogée médiéval. Lorsque survient le conflit de plus d'une centaine d'années entre la France et l'Angleterre, doublé par les ambitions familiales pour monter sur le trône du duché de Bretagne, Malestroit n'est pas forcément au cœur des événements. Pourtant, à l'été 1343, le roi de France fait venir à Paris plusieurs grands seigneurs. Parmi eux, Clisson sera exécuté sur ordre. Les esprits s'échauffent chez les partisans des Montfort, soutenus par Édouard d'Angleterre. Le contexte breton envenime le climat. Les ripostes se préparent. Le pape tente d'intervenir et envoie deux émissaires. Une rencontre improbable entre les souverains débouche sur la signature d'une trêve. Elle sera signée en septembre 1343 dans l'église de la Madeleine

Malestroit, pont vers l'île Notre-Dame.

à Malestroit. Par la suite, Malestroit continue d'être un lieu animé, commerçant. Le canal est un formidable atout pour la petite ville. La dernière barge effectuant un transport en remontant de Redon passera sur les quais en 1977.

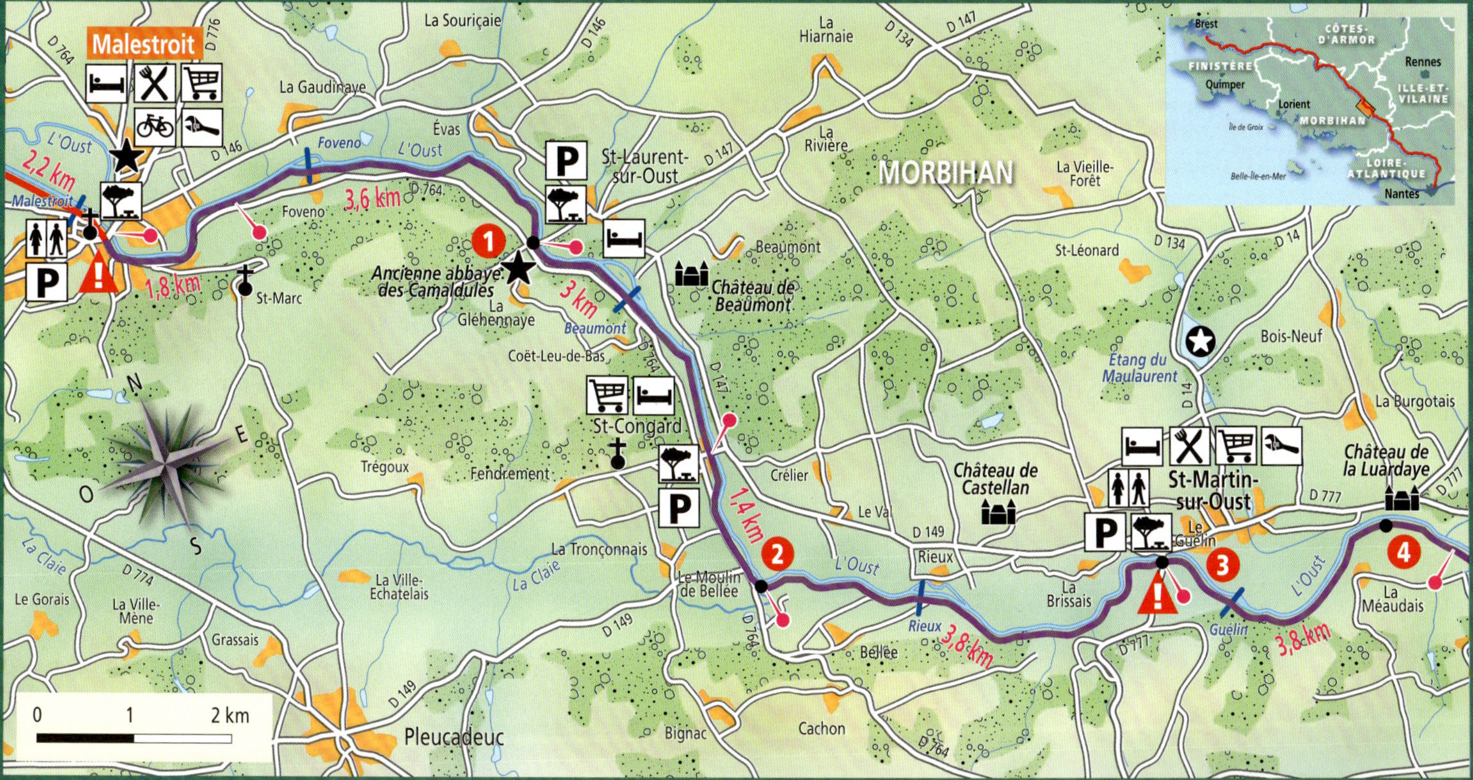

Malestroit
L'Oust
2,2 km
1,8 km
3,6 km
3 km
1,4 km
3,8 km
3,8 km
Foveno
St-Marc
La Gaudinaye
Évas
La Souriçaie
St-Laurent-sur-Oust
Ancienne abbaye des Camaldules
La Gléhennaye
Beaumont
Coët-Leu-de-Bas
Château de Beaumont
St-Congard
Fendrement
Trégoux
La Tronçonnais
La Ville-Echatelais
La Claie
Le Gorais
La Ville-Mène
Grassais
Pleucadeuc
Le Moulin de Bellée
Bellée
Bignac
Cachon
Crélier
Le Val
Rieux
Château de Castellan
La Brissais
Le Guélin
Guélin
St-Martin-sur-Oust
Château de la Luardaye
La Méaudais
La Burgotais
Bois-Neuf
Etang du Maulaurent
St-Léonard
La Vieille-Forêt
MORBIHAN
La Rivière
La Hiarnaie
D 764
D 776
D 146
D 147
D 134
D 14
D 149
D 777
D 774
N
E
S
O
0
1
2 km
Brest
CÔTES-D'ARMOR
FINISTÈRE
Quimper
Lorient
Rennes
ILLE-ET-VILAINE
Île de Groix
MORBIHAN
Belle-Île-en-Mer
LOIRE-ATLANTIQUE
Nantes

Étape 6 / De Montertelot à Redon

De Malestroit au Pont-d'Oust

❶ Malgré l'aspect relativement plat du paysage, le halage continue de cheminer entre des plateaux étagés de 50 à 100 m d'altitude. Une passerelle importante, de construction récente, permet de rejoindre Saint-Laurent-sur-Oust. Château de Beaumont (XIIIe siècle, ancienne résidence des seigneurs de Malestroit). Saint-Laurent est connu pour son festival du « Cabaret à domicile » (deuxième week-end de mars).

◆ *Saint-Laurent-sur-Oust : hébergement, commerces, aire de pique-nique.*

❷ Après Saint-Congard, nous passons près du moulin de Bellée, là où la Claie rejoint l'Oust. Le roi de Bretagne, Nominoé aurait séjourné sur la commune, non loin de l'implantation d'un ancien prieuré des moines de l'abbaye de Redon, attribué ensuite aux Camaldules (ordre fondé en Italie par saint Romuald).

◆ *Saint-Congard : hébergement, commerces, aire de pique-nique.*

❸ L'arrivée à Saint-Martin-sur-Oust est magnifiquement colorée grâce au fleurissement et la décoration, rappel des efforts et des compétitions amicales des éclusiers pour offrir un cadre environnemental convivial.

◆ *Saint-Martin-sur-Oust : hébergement, restauration, commerces, aire de pique-nique, toilettes, réparation de vélos.*

◆ La traversée de la RD 777 permet de s'échapper par Saint-Gravé vers Rochefort-en-Terre – 9,5 km. « Petite Cité de caractère », château et rues médiévales, classée parmi les « Plus beaux villages de France ».

❹ Dans les grandes courbes du canal, là où probablement un camp romain s'était installé sur la hauteur, le point de vue est dominé aujourd'hui par le château de la Luardaye. Nous nous dirigeons vers le Pont-d'Oust.

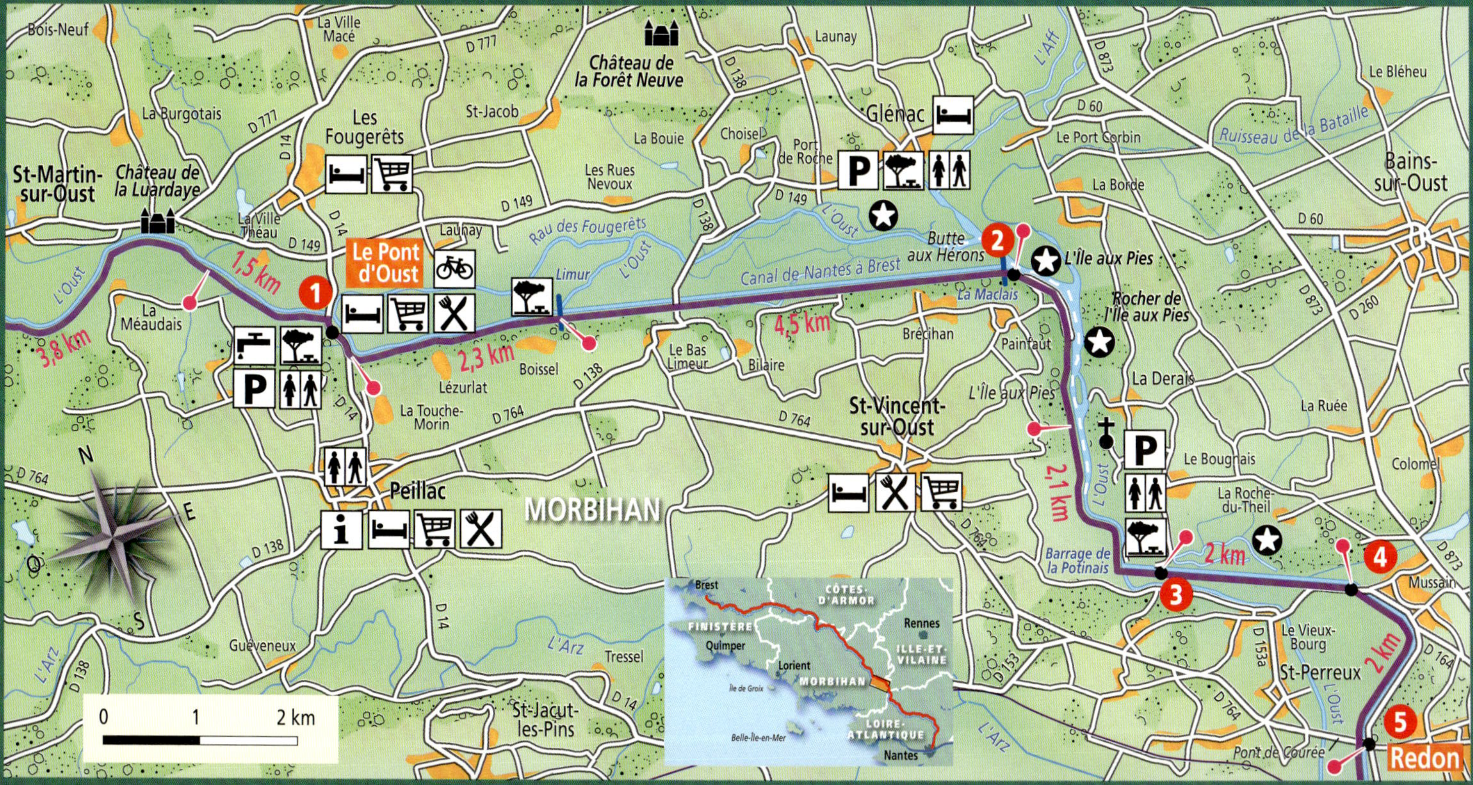
Bois-Neuf
La Ville Macé
D 777
Château de la Forêt Neuve
Launay
L'Aff
D 873
Le Bléheu
La Burgotais
D 777
Les Fougerêts
St-Jacob
D 138
Glénac
D 60
Le Port Corbin
Ruisseau de la Bataille
Bains-sur-Oust
St-Martin-sur-Oust
Château de la Luardaye
D 14
La Bouie
Choisel
Port de Roche
Les Rues Nevoux
La Borde
D 149
La Ville Théau
D 149
Launay
Rau des Fougerêts
D 149
L'Oust
D 60
Le Pont d'Oust
Butte aux Hérons
L'Île aux Pies
L'Oust
1,5 km
Limur
L'Oust
Canal de Nantes à Brest
La Maclais
D 873
D 260
La Méaudais
Rocher de l'Île aux Pies
3,8 km
2,3 km
4,5 km
Le Bas Limeur
Bilaire
Bréchan
Painfaut
Boissel
D 138
Lézurlat
La Touche-Morin
D 14
D 764
D 764
St-Vincent-sur-Oust
L'Île aux Pies
La Derais
La Ruée
N
D 764
Peillac
MORBIHAN
2,1 km
L'Oust
Le Bougnais
Colomel
E
O
D 138
D 764
La Roche-du-Theil
Barrage de la Potinais
2 km
Mussain
D 873
S
Guéveneux
D 14
L'Arz
Tressel
D 153
D 153a
Le Vieux-Bourg
D 164
L'Arz
D 138
St-Perreux
2 km
0
1
2 km
St-Jacut-les-Pins
D 14
D 764
L'Oust
L'Arz
Pont de Courée
Redon
Brest
CÔTES-D'ARMOR
FINISTÈRE
Quimper
Rennes
Lorient
ILLE-ET-VILAINE
Île de Groix
MORBIHAN
LOIRE-ATLANTIQUE
Belle-Île-en-Mer
Nantes

Du Pont-d'Oust à Redon

① Le Pont-d'Oust. Au sortir de plusieurs courbes, en pleine nature, le site offre plusieurs occasions de mettre pied à terre : halte nautique, sentier d'interprétation, mini-golf, piscine…

◆ Le Pont-d'Oust est situé sur la commune de Peillac, dont l'origine serait probablement gallo-romaine (eu égard à sa terminaison en -ac).

◆ *Le Pont-d'Oust : point information touristique, hébergement, restauration, commerces, aire de pique-nique, toilettes, locations de vélos.*

◆ *Peillac : « Escale d'une rive à l'autre », hébergement, restauration, commerces, toilettes.*

② À partir de l'écluse de Limur débute l'une des plus belles lignes droites du canal. Bordée par les 50 m de versant au sud et par le mortier de Glénac au nord, nous roulons à l'ombre des arbres immenses et impassibles pour atteindre l'écluse de la Maclaie en face de la butte aux Hérons.

◆ Sur la rive opposée, le magnifique rocher de l'île est surtout réputé auprès des grimpeurs pour ses voies d'escalade pouvant atteindre 30 m et des cotations jusqu'au 7a. L'île aux Pies se déploie en Morbihan sur Saint-Vincent-sur-Oust et en Ille-et-Vilaine sur Bains-sur-Oust. Théâtre de nombreuses histoires et légendes, le site est surtout réputé pour l'histoire de la dame blanche des marais que Paul Féval a mise en littérature.

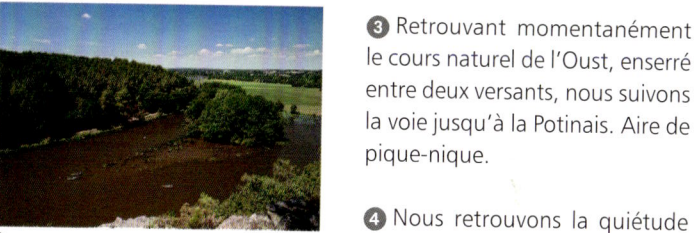

◆ *Saint-Vincent-sur-Oust : hébergement, restauration, aire de pique-nique, toilettes.*

③ Retrouvant momentanément le cours naturel de l'Oust, enserré entre deux versants, nous suivons la voie jusqu'à la Potinais. Aire de pique-nique.

④ Nous retrouvons la quiétude du chemin de halage dans la ligne droite qui nous emmène vers Mussain.

⑤ Puis le long de la RD 65, nous atteignons le pont de Courée, à l'entrée de Redon.

Île aux Pies, point de vue.

Le canal de Nantes à Brest

Escapade
Vélo Promenade® La Gacilly-Glénac **18 km**

› Pour un peu, nous en oublierions de partir à vélo, tant La Gacilly recèle de visites et de découvertes possibles. Mais c'est aussi sur la route de la Forêt Neuve que nous basculons vers Glénac. Ambiance très différente. Les marais et prairies du mortier de Glénac, de la butte au cheval ou de la butte aux hérons s'étalent dans le midi. Les jours de brouillard, l'inspiration de la dame blanche des marais est là… Longer l'Oust primitif et ses dédales de ruisseaux secondaires pour aller vers Les Fougerêts au milieu des vergers, au pays des palis d'ardoises et de la châtaigne.

La Gacilly... village aux multiples facettes

La Gacilly, le Bout du Pont.

Un village pittoresque : la balade dans les ruelles piétonnes fait découvrir de belles maisons de pierres, disposées selon la configuration inclinée du terrain. Très vite, les pentes se boisent et les petites forêts et landes ceinturent les habitations tandis que la façade Est du territoire s'arrête à la limite de l'Aff. Et puis... il y a des boutiques, des vitrines, des échoppes.
Tout un ensemble d'artisans d'art installés là depuis près de quarante ans : verrier, potier, tisserand, peintre ou sculpteur... Ils font démonstration de leur savoir, de leur art. Les visiteurs de l'été affluent pour quelques emplettes, ou seulement pour voir, sentir... Regarder aussi et se promener dans la nature, en comprenant qu'elle est habitée par d'autres êtres vivants : c'est l'un des objectifs du festival Peuple et Nature chaque été. Des photos géantes disséminées dans les rues, au bout du pont, près du cours d'eau. Humer l'air et respirer les effluves du jardin botanique... un autre attrait de La Gacilly. Onse rapproche de l'essence du village, celle qui l'anime depuis plusieurs décennies. Il fut longtemps maire de la commune, en plus de la direction de ce qui fut une petite entreprise familiale innovante avant de devenir un groupe mondial : Yves Rocher a donné une réputation internationale à La Gacilly. Les vertus des fleurs s'affichent, se découvrent. Les visites des lieux de production, du pôle des métiers d'art et des jardins constituent aussi un but de promenade.

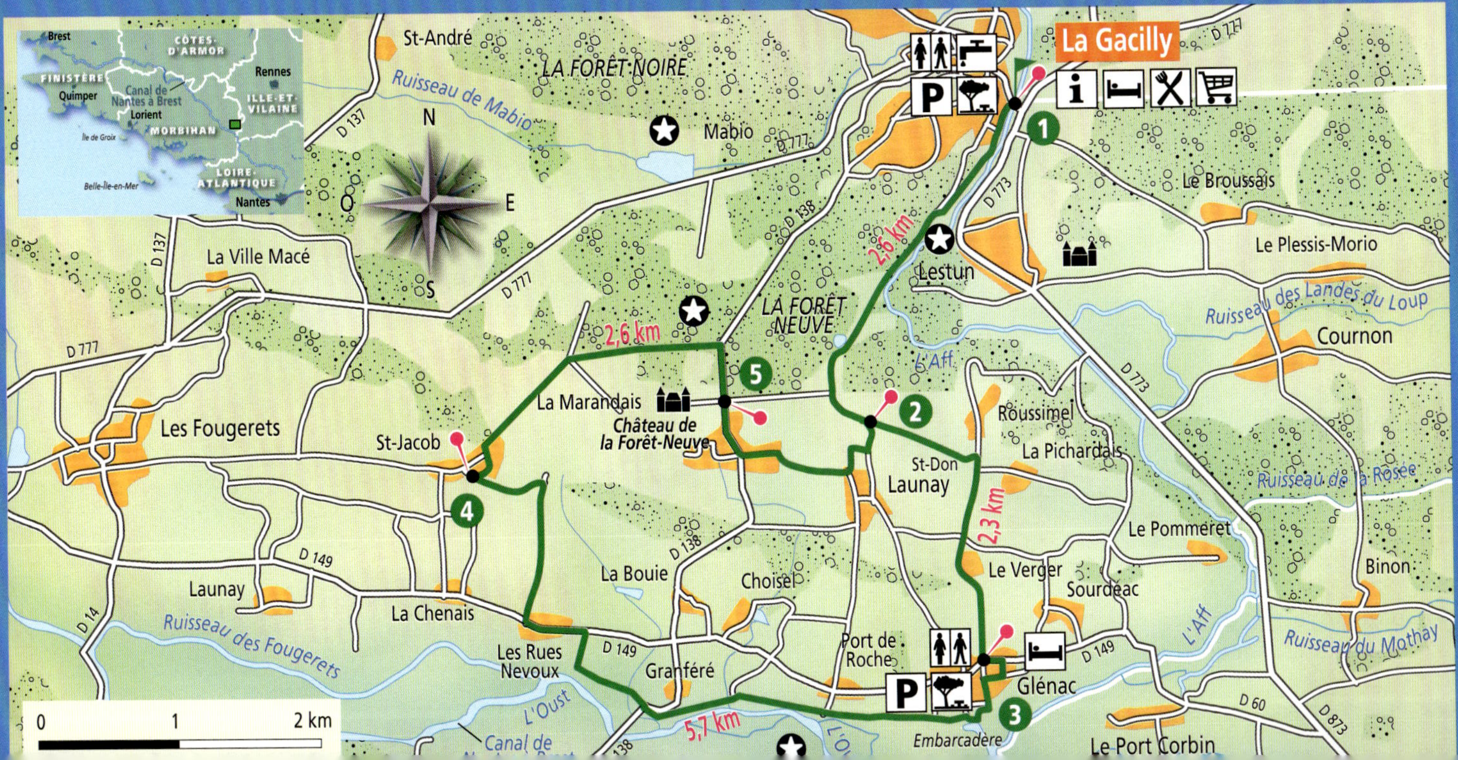
La Gacilly
St-André
LA FORÊT NOIRE
Ruisseau de Mabio
Mabio
Brest
CÔTES-D'ARMOR
FINISTÈRE
Quimper
Canal de Nantes à Brest
Lorient
Rennes
ILLE-ET-VILAINE
MORBIHAN
Île de Groix
Belle-Île-en-Mer
LOIRE-ATLANTIQUE
Nantes
N
O
E
S
D 137
D 777
D 773
D 138
D 149
D 14
D 60
D 873
Le Broussais
Le Plessis-Morio
Lestun
2,6 km
La Ville Macé
LA FORÊT NEUVE
Ruisseau des Landes du Loup
Cournon
L'Aff
Roussimel
La Pichardais
St-Don
Launay
La Marandais
Château de la Forêt-Neuve
Les Fougerets
St-Jacob
Ruisseau de la Rosée
Le Pommeret
2,3 km
Le Verger
Sourdéac
Binon
La Bouie
Choisel
Launay
La Chenais
Ruisseau des Fougerets
Les Rues Nevoux
Granféré
Port de Roche
Glénac
Ruisseau du Mothay
L'Oust
Canal de
5,7 km
Embarcadère
Le Port Corbin
0
1
2 km
1
2
3
4
5

Escapade / Vélo Promenade® La Gacilly-Glénac

◆ Départ : parking du bout du Pont. Possibilité de se connecter au circuit à partir du canal au pont de Bilaire, sur la RD 138, au milieu de la ligne droite entre l'Ile aux Pies et le Pont d'Oust.

◆ Fléchage : panneau « Vélo Promenade® » avec pictogramme vélo blanc sur fond vert et n° 1 sur rond bleu.

❶ Du bout du pont, la « Vélo Promenade® » suit un peu l'Aff. Le cours d'eau permet aux bateaux de remonter jusqu'au quai.

◆ *La Gacilly : « Escale d'une rive à l'autre », office de tourisme, hébergement, restauration, commerces, aire de pique-nique, toilettes.*

❷ S'enfonçant dans la Forêt Neuve, la petite route s'élève sévèrement sur une courte distance. Ce sera la principale difficulté de l'itinéraire. Au sommet, une vue sur l'allée qui mène au château.

❸ La descente est rapide et agréable vers Glénac.

◆ *Glénac : hébergement, aire de pique-nique, toilettes.*

◆ La douceur de vivre au bord de l'eau s'exprime le long de l'embarcadère. La pause peut s'éterniser… Devant nous, le mortier de Glénac est une zone marécageuse qui fut longtemps réputée pour la pêche à l'anguille. Les poissons remontaient la Vilaine et l'Oust avec les marées. Ils devenaient une source importante de nourriture grâce à des techniques de pêche avec des vers de terre. La création du barrage d'Arzal sur la Vilaine en 1970 a stoppé cette tradition malgré la mise en place de passes à poissons.

❹ Nous traversons la commune des Fougerêts. Au village de Saint-Jacob, il y avait de nombreuses ardoisières. Le paysage offre aussi à la vue pommiers et châtaigniers réputés.

❺ Après un contournement et un point de vue rapproché du château de la Forêt Neuve, nous reprenons la route du retour par le même itinéraire.

Héron cendré.

La Vélodyssée® / Le Canal de Nantes à Brest

50 km

Étape 7
De Redon à Blain

› Nature omniprésente. Des arbres magnifiques, une alternance dans la présence de l'eau, tantôt étroitement canalisée, tantôt élargie comme un petit étang. Devant les roues, les hérons s'envolent à quelques mètres, lourdement, tandis que les martins-pêcheurs s'enfuient à tire-d'aile…. Depuis l'abbaye Saint-Sauveur affectionnée par les ducs jusqu'à la forteresse des Clisson, la voie quitte imperceptiblement la Bretagne intérieure. Le monde des eaux se mêle au monde des forêts et des marais. Toute proche, la forêt du Gâvre évoque les chasses ducales.

Déambulation dans la forêt

Étape 7 / De Redon à Blain

Redon

Au confluent de l'Oust et de la Vilaine, Redon, à la jonction de trois départements et deux régions, est inévitablement marquée par sa position géographique. En 832, un ermitage s'installe sous la bienveillance du comte de Vannes, Nominoé. Le premier ermite, Conwoion, devient le saint patron de la ville. Le monastère et l'abbaye Saint-Sauveur vont transmettre un cartulaire, recueil de chartes, d'une grande importance, conservé à l'évêché de Rennes.
Redon s'affirme comme centre commercial au Moyen Âge car les bateaux, les quais et les quartiers d'armateurs apportent de la vie. Une ville fortifiée verra aussi le jour sous l'impulsion des ducs au XIVe siècle. Le père d'Anne de Bretagne aime beaucoup le lieu et soutient les moines de l'abbaye. Mais déjà les villes de Rennes et Nantes prédominent.
Redon se concentre sur le développement des activités maritimes grâce à la canalisation de la Vilaine dès le XVIe siècle. Les bateaux remontent depuis la mer jusqu'aux bassins du port. Puis d'autres prennent le relais sur la Vilaine jusqu'à Rennes. Grâce aux armateurs, négociants, marins, les demeures de la ville s'érigent. Puis le canal va faire de Redon un carrefour de voies navigables. Rien d'étonnant à ce qu'aujourd'hui, on puisse y visiter le musée de la Batellerie, pour y découvrir objets, photographies documents et maquettes sur la vie quotidienne des mariniers, le fonctionnement des canaux, le

Redon, l'entrée du port.

port fluvial et la vie de Redon en tant que port de mer.
Au chapitre des visites, il faut retenir l'ancien monastère Saint-Sauveur avec son église abbatiale, dont les plus anciennes parties datent des XIe et XIIe siècles. Côté temps fort, notons la Foire Teillouse qui, en octobre, célèbre le marron et la culture musicale.

0
1
2 km
Brest
CÔTES-D'ARMOR
FINISTÈRE
Quimper
Lorient
MORBIHAN
Rennes
ILLE-ET-VILAINE
LOIRE-ATLANTIQUE
Nantes
Île de Groix
Belle-Île-en-Mer
ILLE-ET-VILAINE
LOIRE-ATLANTIQUE
MORBIHAN
Redon
St-Nicolas-de-Redon
Fégréac
Étang Aumée
La Digue
Redon Oust
Château ruiné
Le Bellion
Bellions
Pont-Miny
L'Hôtel-Ménant
2,6 km
2 km
2,2 km
1,7 km
2,3 km
3,1 km
2 km
2 km
0,6 km
Vilaine
Oust
L'Isac
Ruisseau du Grand Marais
Douve de Gargouille
Ruisseau de l'Orgerais
Rau du Moulin Aumée
Ruisseau de Dréneuc
Ruisseau du Mottais
Fouy
La Jouvenais
La Provotais
La Josseltais
Mussain
Pont de Courée
St-Perreux
Aucfer
L'Angle
Rieux
Quinssignac
Césélas
Le Broussais
Les Vieilles Noës
La Touche-St-Joseph
Tarambon
La Noë
Henrieux
Les Cottois
Haute-Abbaye
Trenneban
Barrisset
La Catée
Le Clandre
Le Bout des Haies
Branleix
La Normandais
La Houssais
Séverac
D 65
D 164
D 177
D 873
D 46
D 775
D 20
D 114
D 35
D 773
D 124
D 126
D 102
D 17
D 176
D 764
N
S
E
O

Étape 7 / De Redon à Blain

De Redon à Guenrouët

1 L'entrée dans Redon longe des entrepôts, passe sous la voie ferrée Rennes-Quimper, et retrouve rapidement une ambiance urbaine.

2 Redon affiche son dynamisme industriel et commercial. La traversée de la ville permet de découvrir le carrefour entre la Vilaine et le canal. Pont mobile, musée de la Batellerie, quai Jean-Bart, port de plaisance, quai Duguay-Trouin, et traversée de la Vilaine.

◆ À noter qu'à partir de Redon, le halage de la Vilaine est également accessible aux vélos et permet de remonter à Rennes par la V2.

◆ *Redon : office de tourisme, hébergement, restauration, commerces, location et réparation de vélos, aire de pique-nique, toilettes.*

◆ L'écluse de Redon-Oust puis celle de la digue nous font entrer sur Saint-Nicolas-de-Redon. Le voyage se poursuit en rive droite.

◆ *Saint-Nicolas-de-Redon : restauration, commerces, aire de pique-nique.*

3 Quinssignac. Changement de côté sur le halage.

4 Le canal a été creusé le long de la Vilaine jusqu'au site du Bellion. Hautement stratégique dans l'histoire des voies de communication, le Bellion fait face à Rieux sur la rive morbihannaise.

◆ *Le Bellion : hébergement, aire de pique-nique, toilettes.*

◆ Nous sommes désormais sur la commune de Fégréac. Après deux magnifiques (mais longues !) lignes droites et un passage sous la voie ferrée Redon-Nantes, nous arrivons à Pont-Miny.

5 Pont-Miny, la Maison du canal. En plus du gîte d'étape, il est possible de découvrir ici la construction du canal de Nantes à Brest et le fonctionnement d'une écluse.

◆ *Pont-Miny : hébergement, aire de pique-nique, toilettes.*

◆ *Fégréac : restauration, commerces, toilettes.*

L'écluse du Bellion.

Etape 7 / De Redon à Blain

Fégréac

Les terminaisons en « -ac » laissent souvent supposer une origine gallo-romaine. Précisément, Fégréac a certainement été marquée par la présence d'une agglomération sur un point de passage. Elle était située sur une ancienne voie romaine qui allait de Vannes vers Blain. On parle d'une « ville » qui gardait un pont sur le fleuve et qui s'appelait Duretie. Le Bellion pourrait être ce lieu. Juste en face se trouve Rieux qui possède aussi une butte occupée par un château en ruines. Jusqu'au Moyen Âge, le passage de la rivière restera ancré dans les déplacements de longue distance en particulier pour les chemins de Saint-Jacques-de-Compostelle. Les seigneurs de Rieux avaient fait établir des aumôneries de chaque côté du pont en bois qui permettait la traversée, près du château Rieux et près de la chapelle Saint-Jacques côté Fégréac.

À quelques dizaines de mètres vers Fégréac, le site de La Touche-Saint-Joseph conserve le souvenir du passage d'Anne de Bretagne s'arrêtant dans la chapelle. Les bâtiments primitifs datent du XIIIe siècle, et seraient établis sur l'emplacement des anciennes arènes de Duretie.

Fégreac bénéficie de nombreux sites consacrés aux activités de loisirs nature. L'étang Aumée est de ceux-là. À l'origine, il fut mis en eau pour alimenter une partie du canal de Nantes à Brest. Ses 110 ha sont un havre de quiétude et d'harmonie au milieu des bois et des marais qui l'entourent. Une plage et des jeux ravissent les familles, une base de loisirs accueille les classes découvertes et permet de pratiquer la voile, la planche à voile, le VTT et la course d'orientation, ainsi qu'une tyrolienne installée en saison au-dessus de l'eau.

Fégréac, l'étang Aumée.

Étape 7 / De Redon à Blain

L'Isac, les marais de Coisnauté

Héron dans les marais de Coisnauté. Photo Pierrick Gavaud

L'Isac est une rivière de 70 km de long qui a connu une importante modification lors de la construction du canal. Prenant sa source à Abbaretz, aux confins du bocage angevin, l'Isac se jette dans la Vilaine à Fégréac. Le relief quasi nul de ses derniers kilomètres lui permettait de s'étaler et de drainer les marais alentour. La navigation sur l'Isac se faisait par le flux et le reflux des marées qui remontaient la Vilaine. Mais elles remontaient aussi des vases. Le lit comblé, la rivière déborda au XVIIe siècle, causant de grands dégâts.
Un programme d'entretien se mit en place et les habitants purent continuer à vivre de l'environnement naturel des marais. Mais le phénomène se reproduit à la fin du XVIIIe siècle.

Quelques années plus tard, c'est le canal qui sauvera définitivement les marais de Marongle et Coisnauté. L'Isac, le canal et les marais sont des sites de pêche réputés.
Quant aux marais, ils représentent un écosystème extrêmement riche. La faune et la flore y sont observées régulièrement. On a pu repérer des traces de loutre, de nombreux amphibiens (grenouilles, crapauds, salamandres), des poissons (en particulier le retour de l'anguille, longtemps bloqué par la création du barrage d'Arzal, ou les carnassiers), des insectes (libellules), des oiseaux (sédentaires ou migrateurs), comme les colonies importantes de hérons cendrés.

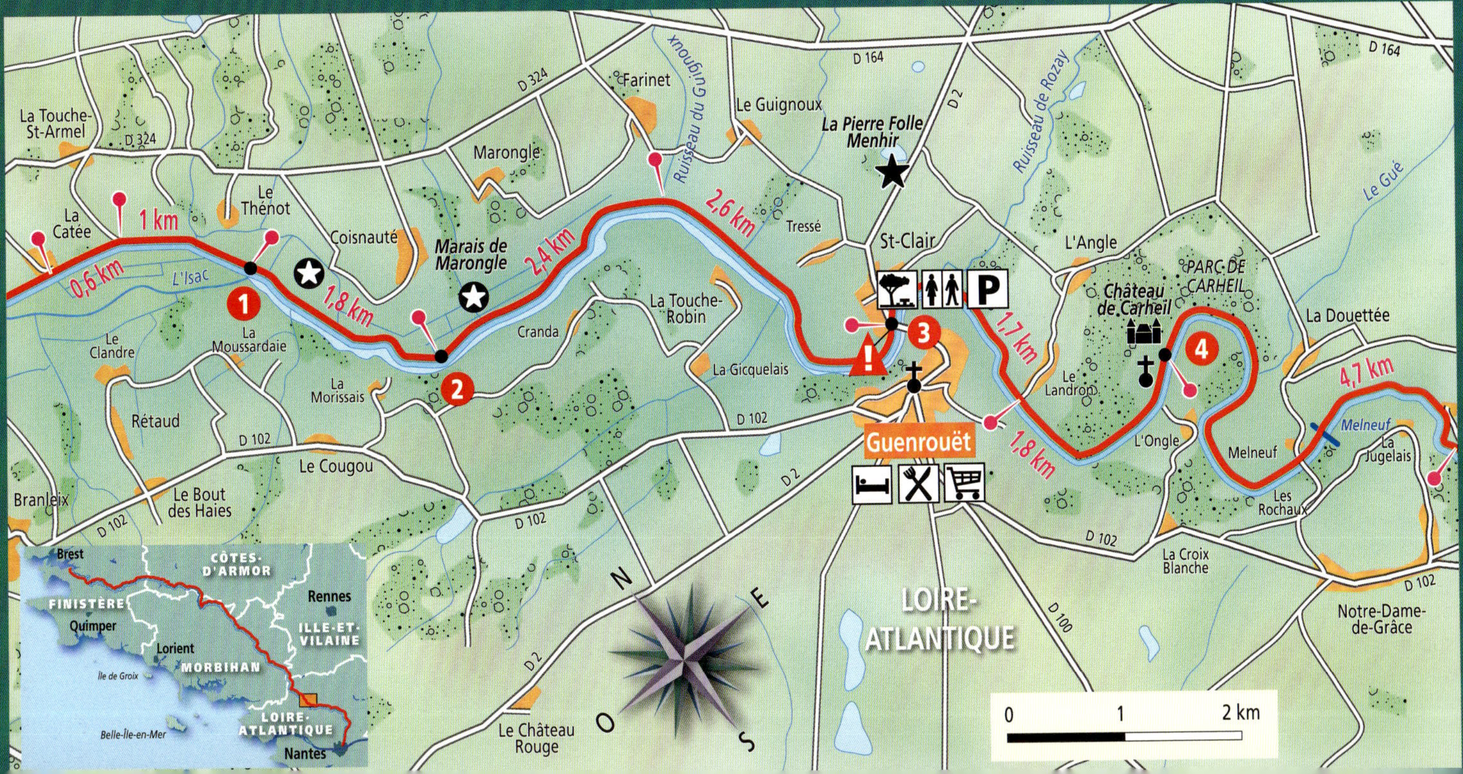

La Touche-St-Armel
D 324
La Catée
1 km
0,6 km
L'Isac
Le Thénot
Coisnauté
1,8 km
Marongle
Marais de Marongle
2,4 km
Farinet
D 324
Ruisseau du Guignoux
2,6 km
Le Guignoux
D 164
La Pierre Folle Menhir
D 2
Tressé
St-Clair
Ruisseau de Rozay
D 164
Le Gué
L'Angle
Château de Carheil
PARC DE CARHEIL
1,7 km
La Douettée
4,7 km
Melneuf
La Jugelais
Melneuf
Les Rochaux
L'Ongle
Le Landron
1,8 km
Guenrouët
La Gicquelais
La Touche-Robin
Cranda
Le Clandre
La Moussardaie
La Morissais
Rétaud
D 102
Le Cougou
Branleix
Le Bout des Haies
D 102
D 102
D 102
D 2
D 2
D 100
D 102
La Croix Blanche
Notre-Dame-de-Grâce
LOIRE-ATLANTIQUE
Le Château Rouge
N
E
O
S
0
1
2 km
Brest
CÔTES-D'ARMOR
Rennes
FINISTÈRE
Quimper
Lorient
ILLE-ET-VILAINE
MORBIHAN
Île de Groix
Belle-Île-en-Mer
LOIRE-ATLANTIQUE
Nantes

Étape 7 / De Redon à Blain

De Guenrouët au Gâvre

1 Jusqu'au Fossé, le canal a été creusé en parallèle à la rivière. À partir de cet endroit, ils ne font qu'un.

2 Les marais de Coisnauté. Le canal entre dans une plaine humide. Les pêcheurs sont à la fête et les aménagements sont nombreux. L'Isac continue de se rétrécir et les deux rives se rapprochent.

3 Arrivée au port de Guenrouët. La consonance est bretonne.

◆ Traversée de la RD 2. Prudence ! Le site de Saint-Clair serait l'une des résidences fondées par Alain Le Grand au XIe siècle, et fait face au bourg de Guenrouët dont on aperçoit de loin le clocher de l'église Saint-Hermeland. L'histoire de l'édifice est récente car elle fut détruite en partie par des bombardements lors de l'épisode de la poche de Saint-Nazaire en 1944.

◆ Guenrouët : *« Escale d'une rive à l'autre »*, *hébergement, restauration, commerces, aire de pique-nique, toilettes.*

4 La nature du terrain nous oblige à quelques virages à 180 degrés. Cela donne l'occasion de longer l'esplanade (privée) du château de Carheil. Domaine à l'histoire mouvementée, il fut créé

Forêt du Gâvre.

par un vassal du duc de Bretagne alors en résidence à Plessé. Plus tard, il est racheté par le prince de Joinville, fils de Louis-Philippe. Enfin, il subira des dégradations définitives pendant la Seconde Guerre mondiale et ne s'en relèvera pas. La chapelle qui subsiste est classée et ses vitraux ont été dessinés d'après des cartons d'Ingres, et réalisés à la manufacture royale de Sèvres.

◆ À noter que le détour par la zone boisée permet d'admirer de somptueuses maisons modernes regroupées dans un domaine résidentiel. En face de l'esplanade de Carheil, il n'est pas rare d'être salué par des braiments aussi humoristiques que bruyants. La ferme de l'Ongle propose des animations et des activités baptisées « Aux Ânes… ! »

FORÊT DOMMANIALE DU GÂVRE
LOIRE-ATLANTIQUE
Blain
St-Omer-de-Blain
La Douettée
La Jugelais
Evedet
L'Alouette
Quinhu
La Touche
La Touche aux Thébauds
Le Haut-Breil
Le Pont Nozay
Lévrizac
La Sageais
Peslan
Le Pont de Barel
Barel
Fession
La Pessuais
Bougard
L'Eudrais
La Hubiais
La Clos Cloué
La Blanchetais
La Suardais
La Paudais
La Réauté
Pont-Piétin
Magouet
La Chaussée
Mespras
La Fraudais
Château de la Groulaie
La Frelaudais
La Bidiais
La Fauvelais
La Prée
FORÊT DE LA GROULAIS
La Rabatelais
La Bouhonnais
Maison forestière de Carheil
Ruisseau du Courgeon
Ruisseau du Perche
Ruisseau de la Frelais
Ruisseau de la Farinelais
Ruisseau de la Madeleine
4,7 km
0,8 km
4 km
2,1 km
1,2 km
4 km
2 km
2,2 km
1,8 km
D 164
D 3
D 102
D 33
D 81
D 15
D 42
N 171
N
S
E
O
0
1
2 km
Brest
CÔTES-D'ARMOR
FINISTÈRE
Quimper
Lorient
MORBIHAN
Rennes
ILLE-ET-VILAINE
Île de Groix
Belle-Île-en-Mer
LOIRE-ATLANTIQUE
Nantes

Du Gâvre à Blain

1 Pont Nozay. Croisement avec la RD 3 « Plessé-Savenay ». Ce pont (et plusieurs autres sur le canal) a été reconstruit après son dynamitage par l'armée allemande en août 1944 lors de son repli sur Saint-Nazaire.

2 Écluse du Pont de Barel.

◆ Peu après, un accès est possible à Saint-Omer-de-Blain à partir de l'aire de pique-nique de la Rouaudaie.

Saint-Omer-de-Blain : restauration, commerces.

3 Les arbres majestueux qui nous accompagnent vers Saint-Omer-de-Blain et Blain forment à certains endroits une véritable voûte végétale tant les basses branches atteignent pratiquement l'herbe du chemin de halage. Ils nous amènent à l'écluse de Bougard.

◆ Accès à la forêt du Gâvre par la route RD 81 vers le nord, et en traversant avec prudence la RD 164.

◆ Accès également à Saint-Omer à partir de Bougard.

4 Arrivée au port de Blain, lieu animé et accueillant. La passerelle piétonne dessert une aire de pique-nique, et surtout l'accès au château dont on aperçoit les tours et toitures au-dessus des feuillages. La ville mérite aussi une visite : le musée des Arts et Traditions propose une collection unique de fèves du monde entier, ainsi qu'une magnifique collection de crèches de Noël.

◆ De Blain, par la RD 42, à 5 km, nous pouvons rejoindre le bourg du Gâvre (maison forestière – accueil et animations sur l'histoire de la forêt, sorties nature, sentiers d'interprétation...).

◆ *Blain : « Escale d'une rive à l'autre », office de tourisme, hébergement, restauration, commerces, aire de pique-nique, toilettes.*

Blain, le château depuis le canal.

Etape 7 / De Redon à Blain

La forêt du Gâvre

Le Gâvre serait dérivé d'un nom breton qui veut dire « chèvre » ou « chevreuil ». Appartenant aux comtes de Nantes, elle va devenir propriété du duc de Bretagne au XIIIe siècle. Pierre Ier de Dreux, époux d'Alix de Bretagne, y fonde une ville franche. Les habitants autour du château jouiront de nombreux privilèges tant pour le bois, les pâturages ou les litières d'animaux. Puis la forêt est intégrée au domaine royal en 1491 avant de devenir domaniale trois cents ans après. Elle l'est toujours aujourd'hui.

Forêt refuge, forêt nourricière, elle est aussi devenue forêt productive. Bois de chauffage, bois de construction, les plus grands arsenaux de Nantes, ou Lorient sont venus s'approvisionner pour les charpentes et carènes de navires, ou pour trouver de quoi dresser des mâts. Mais elle a connu aussi des abus de déboisement en devenant source d'énergie des forges, verreries et tanneries.

La forêt d'aujourd'hui poursuit trois objectifs : produire du bois de qualité, accueillir le public et assurer la protection de la biodiversité par la sauvegarde des écosystèmes et la protection des espèces menacées. Avec ses 4500 ha, elle fournit chaque année 20 000 m³ de matières premières. De nombreux sentiers de randonnée, des équipements pédagogiques et des circuits d'interprétation facilitent les promenades et l'apprentissage du milieu naturel.

Dans la forêt du Gâvre. Photo Pierrick Gavaud

Étape 7 / De Redon à Blain

Blain

Bien avant les ducs bretons, Blain était située sur un lieu de passage. À cet endroit, il y eut un lieu d'habitation, un camp... Des vestiges préhistoriques et gallo-romains y ont été retrouvés. Ils sont exposés au musée des Arts et Traditions populaires de la ville. Et puis, le territoire de Bretagne s'est constitué. Les forteresses des Marches de Bretagne le délimitent du royaume franc. De Fougères à Clisson, en passant par Vitré, La Guerche, Châteaugiron, Châteaubriant... et Blain, une zone frontalière s'établit. Les plus grandes familles résident dans les châteaux comme Blain.

Construit par le duc Alain IV Fergent, il est rapidement occupé par les Clisson qui en feront, à l'époque du connétable Olivier V, une forteresse redoutable. Puis, par alliance, le fief entre dans la Maison des Rohan. De militaire, l'édifice devient résidence luxueuse pour accueillir des hôtes tels Louis XII et son épouse Anne de Bretagne, ou bien le roi Henri II. C'est un autre Henri II, duc de Rohan, propriétaire, qui précipitera la chute du bâtiment en prenant la tête des huguenots et s'attirant les foudres du roi Henri IV. Dès lors, l'ensemble architectural subit les dégradations du temps, des révoltes et révolutions, jusqu'à un incendie faisant disparaître nombre d'archives. Classé partiellement « Monument historique », il est racheté par la commune de Blain en 1970 et devient un lieu de mémoire,

Blain, le château.

d'exposition et de reconstitution ouvert à la visite. Non loin, la forêt du Gâvre était très prisée des résidents princiers pour leurs droits de chasse. Un château existait aussi au Gâvre, mais la proximité et la prééminence de Blain lui furent préjudiciables.

Etape 8
De Blain à Nantes

La Vélodyssée® / Le Canal de Nantes à Brest

58 km

› La remontée dans le temps va s'achever. De Brest, acheté par Jean Ier aux vicomtes du Léon en 1240, à Nantes, marqué par François II et sa fille Anne au XVe siècle, notre fil d'Ariane va disparaître. Le canal ne nous avait pas fait démarrer face à l'infini de l'océan, contre vents et marées. Il ne nous accompagne pas jusque dans la cité cosmopolite, largement ouverte sur le monde. Mais notre aventure nous conduit bien au confluent de l'Erdre et de la Loire, au pied des tours du château de la duchesse Anne. L'histoire de Bretagne est le premier chapitre de notre odyssée.

Le château des Ducs de Bretagne à Nantes.

Etape 8 / De Blain à Nantes

Le canal de Nantes à Brest

« Les hommes sont passés, L'œuvre, elle, est restée. Et l'histoire dans toutes ses dimensions se bouscule » Kader Benferhat, Éditions Ouest-France.

Des objectifs stratégiques, économiques ont toujours guidé les chefs et dirigeants. Dès le XVIIe siècle, il fallait déjà défendre les côtes, protéger le commerce extérieur, relier les arsenaux (Lorient et Brest), rejoindre Saint-Malo aux autres ports de guerre. De Nantes, il faut rallier Brest, ville phare, proue invincible, pour la ravitailler. La voie maritime est périlleuse car il faut s'aventurer dans la Manche et affronter les Anglais puis passer Ouessant, ou bien dans l'Atlantique, retrouver les Anglais et passer Sein. Il aura fallu attendre le XIXe siècle, deux souverains napoléoniens et trente-huit années de travaux titanesques, des drames humains, l'aménagement de huit rivières reliées par trois canaux de jonction, la création de trois réservoirs d'alimentation, plus de 150 km de rigoles d'amenée pour faire naître une voie d'eau de 360 km sur un dénivelé total de 555 m avec un point culminant à 185 m, et comportant 237 écluses. C'était il y a moins de deux cents ans.

Le canal de Nantes à Brest au niveau de Malestroit.

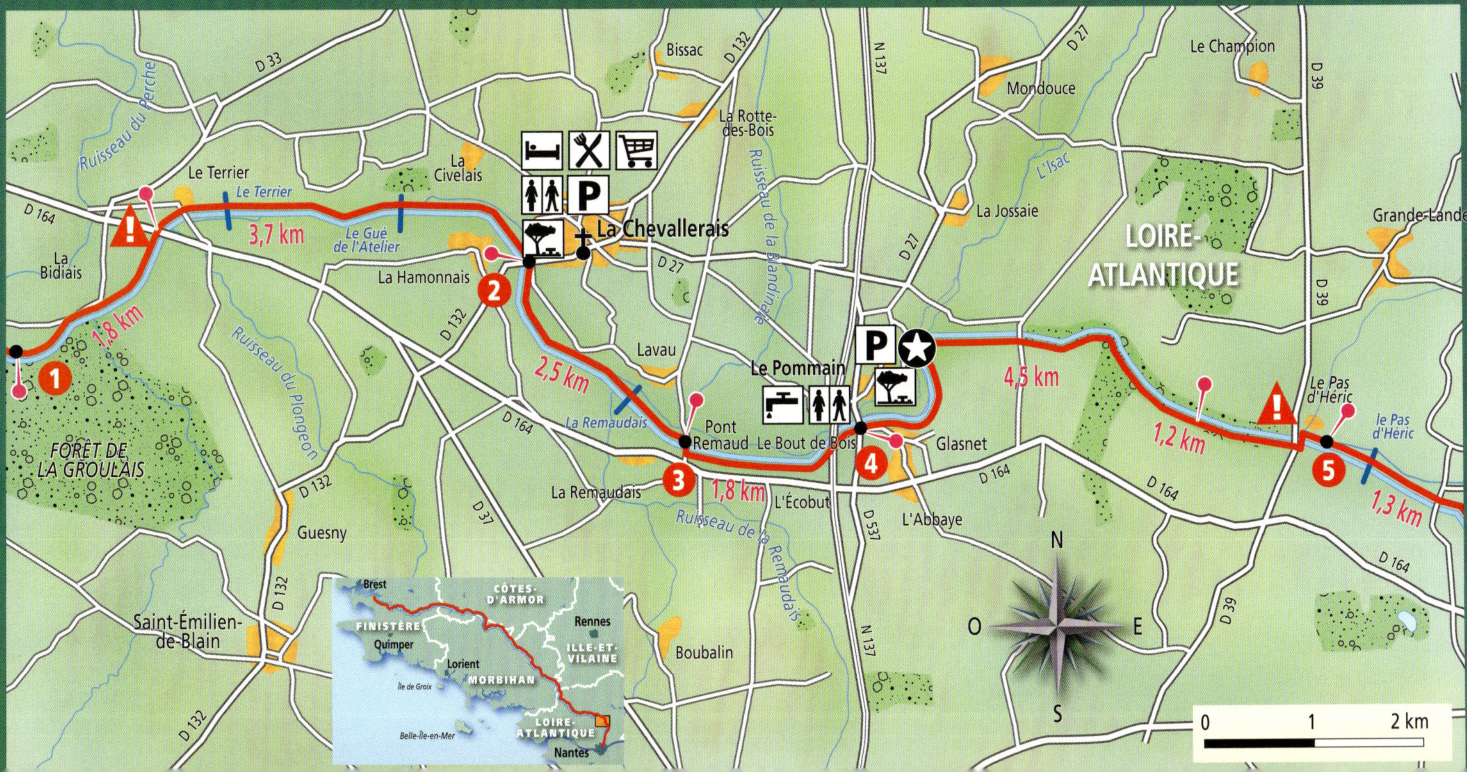
LOIRE-ATLANTIQUE
La Chevallerais
Le Pommain
Le Terrier
Le Terrier
Le Gué de l'Atelier
La Civelais
La Hamonnais
La Bidiais
FORÊT DE LA GROULAIS
Ruisseau du Perche
Ruisseau du Plongeon
Bissac
La Rotte-des-Bois
Ruisseau de la Blandinaie
Lavau
La Remaudais
Pont Remaud
Le Bout de Bois
La Remaudais
L'Écobut
Ruisseau de la Remaudais
Glasnet
L'Abbaye
Mondouce
La Jossaie
L'Isac
Le Champion
Grande-Lande
Le Pas d'Héric
le Pas d'Héric
Guesny
Saint-Émilien-de-Blain
Boubalin
D 164
D 33
D 132
D 37
D 27
N 137
D 537
D 39
1,8 km
3,7 km
2,5 km
1,8 km
4,5 km
1,2 km
1,3 km
N
O
E
S
0
1
2 km
Brest
CÔTES-D'ARMOR
FINISTÈRE
Quimper
Rennes
ILLE-ET-VILAINE
Lorient
MORBIHAN
Île de Groix
Belle-Île-en-Mer
LOIRE-ATLANTIQUE
Nantes

Etape 8 / De Blain à Nantes

De Blain à Nort-sur-Erdre

1 Tandis qu'au-dessus des arbres, une grosse tour disparaît peu à peu, nous pédalons à nouveau sous les frondaisons qui s'épanchent largement sur l'eau cherchant peut-être à défendre leur territoire. Sur la rive opposée, la forêt de la Groulais nous souhaite bonne route.

2 La Chevallerais, un nom presque médiéval qui viendrait peut-être d'un lieu de rassemblement de chasse à cheval des grandes familles de la région, alors que l'endroit était encore presque entièrement boisé.

◆ *La Chevallerais : hébergement, restauration, commerces, toilettes, aire de pique-nique, parking.*

3 Pont Remaud : changement de côté sur le halage.

4 Le canal arrive au dernier bief de partage au « Bout de Bois » entre les communes de Saffré, La Chevallerais et Héric. Immense espace de détente, les étangs sont séparés du canal par une digue. La pause, même succincte, est l'occasion de se rendre à la hutte d'observation des oiseaux.

◆ *Bout de Bois : aire de pique-nique, toilettes, point d'eau, parking.*

Canal, écluse n°1, Quiheix.

◆ Croisement avec la route RD 39 : changement de côté sur le halage.

5 Pendant quelques kilomètres, une rigole va nous accompagner. La Rigole de Vioreau mesure 21 km et franchit quatre aqueducs et un souterrain de 600 m. Le plus grand ouvrage est long de 76 m, haut de 12 m et possède douze arches. Elle était destinée à maintenir le niveau d'eau dans le canal tout au long de l'année. Elle se déverse ici, au Pas d'Héric.

Écluse de Quiheix.

Le canal à Nort-sur-Erdre.

Etape 8 / De Blain à Nantes

L'Erdre

La première écluse à Nantes date de 1828, mais elle a disparu. Elle est remplacée par l'écluse Saint-Félix. Et l'Erdre a subi un détournement définitif de son cours avec l'inauguration d'un tunnel en 1934. Mais depuis la ville jusqu'au départ de la section artificielle à Quiheix, la vie s'écoule élégamment : manoirs, parcs boisés, prairies, marais et oiseaux, Sucé-sur-Erdre et Nort-sur-Erdre, ports fluviaux et véritables perles de l'Erdre…

Photo Pierrick Gavaud

135

Nort-sur-Erdre
Plaine de la Poupinière
La Poupinière
Erdre
Canal de Nantes à Brest
Quiheix
La Gamotrie
Le lavoir
Île de Mazerolles
La Pinaudière
La Grande-Bodinière
La Noue
La Doucinière
La Benatière
Sucé-sur-Erdre
La Guillonnière
Les Vaux
Le Houssais
La Paitrière
La Blanchetière
Le Moulin de Quiheix
2,6 km
1,7 km
2,7 km
2,5 km
1,2 km
1,3 km
La Coudraie
Le Plessis-Pas-Brunet
La Bricaudière
La Redalière
Le Pont du Plessis
La Tindière
Sobidain
La Bellerie
La Bertaudière
La Rabinière
La Haie Pacoret
La Davitière
Rigole de Vioreau
Cramezeul
La Provostière
Le Pas d'Héric
La Busnière
L'Épinay
Le Pas Chevalier
LOIRE-ATLANTIQUE
Casson
La Basse-Goulitière
Le Moulin de la Touche
Les Brossais
Bel-Air-des-Landes
Le Thuzeau
Mouline
Hocmard
La Mallière
La Brosse
Procé
Malabry
La Bretonnière
D 69
D 121
D 16
D 164
D 26
D 37
D 49
N
S
E
O
0
1
2 km
Brest
CÔTES-D'ARMOR
FINISTÈRE
Quimper
Lorient
Rennes
ILLE-ET-VILAINE
MORBIHAN
Île de Groix
Belle-Île-en-Mer
LOIRE-ATLANTIQUE
Nantes

Etape 8 / De Blain à Nantes

De Nort-sur-Erdre à Sucé-sur-Erdre

❶ Après avoir croisé la RD 164, nous traversons la RD 16 au pont du Plessis.

❷ Au croisement de la RD 26, possibilité de rejoindre Nort-sur-Erdre.

◆ *Nort-sur-Erdre : « Escale d'une rive à l'autre », office de tourisme, hébergement, restauration, commerces, aire de pique-nique, toilettes.*

❸ À la Blanchetière, c'est la fin de l'aventure du canal de Brest à Nantes. Par curiosité, nous pouvons faire un aller-retour tout droit pour voir l'écluse de Quiheix, liaison entre l'Erdre et le canal. Sinon, traverser le pont et reprendre le chemin de contre-halage sur presque 1 km. Au ruisseau des Vallées, bifurquer à gauche et traverser la RD 69.

❹ Après plusieurs zigzags sur les petites routes, traverser la RD 69 au chemin de la Bodinière.

❺ Traverser le village de la grande Bodinière, tourner à droite, puis à gauche pour se diriger vers le lavoir. Prendre la route à droite. Peu après, à la Pinaudière, un aller-retour s'impose jusqu'à l'île de Mazerolles, site naturel remarquable.

❻ Remonter jusqu'à la route RD 69 et la longer sur 200 m. Puis tourner à gauche vers Le Houssais jusqu'aux Vaux.

❼ Prendre à droite puis à gauche et s'engager à droite dans le chemin de la Bonne-Vierge. À l'entrée de Sucé-sur-Erdre, suivre l'allée de Beauregard et venir jusqu'à la rue Descartes. Sucé-sur-Erdre est surnommée « la perle de l'Erdre ».

◆ *Sucé-sur-Erdre : « Escale d'une rive à l'autre », office de tourisme, hébergement, restauration, commerces, aire de pique-nique, toilettes.*

❽ Aller à droite puis à gauche sur l'avenue de l'Europe. Passer le rond point et tourner vers la rue de la Bretonnière.

Sucé-sur-Erdre
LOIRE-ATLANTIQUE
Le Port-Brégeon
Erdre
Cotalard
Mouline
Hocmard
Le Thuzeau
La Chapelle-sur-Erdre
Mazaire
La Vrière
Gesvrine
Les Quatre Vents
Cormerais
La Mirais
La Brosse
La Bretonnière
Gesvres
La Rinçais
La Beaujoire
La Jonelière
Le Tertre
La Houssinière
La Trémissinière
Le Petit-Port
Cens
Le Bout-des Pavés
La Bouvardière
Doulon
Le Grand-Blottereau
St-Sébastien-sur-Loire
Loire
Bras de la Madeleine
Bras de Pirmil
Beaulieu
Château des Ducs de Bretagne
1 km
Nantes
N
S
E
O
0
1
2 km
D 37
D 69
D 49
D 39
D 39a
D 75
D 42
D 723
D 119
A 11
A 844
N 844
N 137
Brest
CÔTES-D'ARMOR
FINISTÈRE
Quimper
Lorient
Rennes
ILLE-ET-VILAINE
MORBIHAN
Île de Groix
Belle-Île-en-Mer
LOIRE-ATLANTIQUE
Nantes

Étape 8 / De Blain à Nantes

De Sucé-sur-Erdre à Nantes

1 Par un chemin à droite aller vers la Turballière. Longer la routte de la chapelle en décrochant à gauche sur le chemin de la maison neuve.

2 Continuer le long de la RD 69 sur les aménagements cyclables jusqu'au Petit Nay à l'entrée de la Chapelle sur Erdre.

◆ Traverser Mouline par la rue de la Hillet et la rue de la Charlière.

◆ Arrivé à la RD 69, la prendre (piste cyclable) vers la droite (La Chapelle-sur-Erdre).

3 Dans le bourg de La Chapelle-sur-Erdre, continuer la voie cyclable le long de la RD 39.

◆ *La Chapelle-sur-Erdre : hébergement, restauration, commerces, aire de pique-nique, toilettes.*

4 Tourner à droite dans la rue de la Vrière, puis à gauche rue du château d'eau, et sitôt passé l'A11, prendre à gauche le boulevard de l'Hôpital pour revenir le long de RD 39 (boulevard Becquerel).

5 Prendre à gauche la route de la Jonelière, passer sous le périphérique, traverser le Gesvres. Continuer route de la Jonelière pour rejoindre le boulevard Mollet à hauteur de l'hippodrome.

6 Traverser le pont du Cens et virer à gauche chemin de la Houssinière vers l'université des sciences et techniques. Rejoindre la base d'aviron et suivre l'Erdre par la piste cyclable qui amène quai de Versailles, au bout du bassin de l'Erdre.

7 Suivre le cours des Cinquante-Otages jusqu'au quai Turenne, et prendre à gauche l'allée Baco. Elle nous amène devant le château des Ducs, la tour LU, et par le quai Malakoff au port de Nantes, arrivée du tunnel Saint-Félix. C'est la voie d'arrivée du canal de Brest à Nantes pour rallier la Loire.

◆ *Nantes : office de tourisme, hébergement, restauration, commerces, aire de pique-nique, location et réparation de vélos.*

Le château des Ducs de Bretagne à Nantes.

Etape 8 / De Blain à Nantes

Nantes

Née à la confluence de la Loire et de l'Erdre grâce à une tribu conquise par César, les Namnètes, Nantes est fluviale, océane, ducale, patrimoniale, naturelle, hétéroclite, utopiale, muséale, festive… À l'extrémité du Val de France, elle est orientée à 360 degrés vers le Poitou, la Vendée, et la Bretagne. C'est d'ailleurs de la Bretagne dont elle fut capitale, grâce à François II, père d'Anne de Bretagne, né à Clisson en 1433 et plus inspiré par Nantes que Vannes ou Rennes. Le château date de son époque et il positionne alors Nantes en Bretagne. Henri IV saura y faire signer un édit célèbre face aux bastions ligueurs de l'Armorique, tandis que la ville se tourne déjà vers l'Atlantique et le monde.

Port de commerce, port douanier, liaison avec l'Europe de l'Ouest et du Sud, puis avec l'Afrique et la côte Est de l'Amérique, jusqu'à devenir port d'armement des bâtiments négriers, Nantes a une tradition navale notamment avec les grands chantiers de l'estuaire, avec l'implantation de la métallurgie navale, d'où sortiront des fleurons comme le Belem.

Cette ville d'Art et d'Histoire offre de grands espaces verts (un sixième de la superficie de la commune). Le climat favorise la réputation de maraîchage à Nantes.

Nantes, cathédrale Saint-Pierre-et-Saint-Paul.

Etape 8 / De Blain à Nantes

La ville fut pionnière dans la mise en place des transports en commun (les premiers omnibus et les premiers tramways). Ils participent au XIXe siècle à l'embellissement de la ville et la qualité de vie. Voyages, innovation, anticipation, autant de visions que le petit Jules Verne regardait depuis sa maison natale, rue Olivier-de-Clisson. Meurtrie par la Seconde Guerre mondiale, la cité vit désormais des heures culturelles, festives toute l'année, en particulier lors des Rendez-vous de l'Erdre, entre jazz et belle plaisance.

À voir :
→ Le château des Ducs de Bretagne, les musées (Histoire naturelle, Beaux-Arts, Jules-Verne), le jardin des plantes, l'île Versailles, la cathédrale Saint-Pierre-et-Saint-Paul, le quartier Graslin et le théâtre, le passage Pommeraye, les Machines de l'île et les Anneaux de Buren sur l'île de Nantes.

Île de Nantes, les machines de l'île.

La Bretagne à vélo
Adresses pratiques

Loueurs, réparateurs de cycles

Répartis tout au long de l'itinéraire décrit dans ce topoguide, plusieurs loueurs-réparateurs de vélos situés à proximité des voies, vous offrent service et accueil privilégiés. Nous les citons ci-dessous dans l'ordre de leur situation géographique.

LA VÉLODYSSÉE

ÉTAPE 1 : De Roscoff à Morlaix

ROSCOFF

• Cycles Fily
Port de Roscoff
02 98 83 09 67/06 72 10 25 71
location.velos@wanadoo.fr
www.escapadeslegendes.fr
Location : oui/Réparation : oui
Ouvert en juillet et août
Deux autres agences ouvertes à l'année à Brignogan et Lesneven

• Camping Aux 4 Saisons
Perharidy
02 98 69 70 86/06 07 41 28 53
campingaux4saisons@wanadoo.fr
www.camping-aux4saisons.com
Location : oui/Réparation : non
Ouvert du 1er avril au 9 octobre

SAINT-POL-DE-LÉON

• Cycles Desbordes
ZA de Kervent
Rue Jean-Monnet
02 98 69 03 38
Location : oui/Réparation : oui
Ouvert toute l'année

ÉTAPE 2 : De Morlaix à Carhaix

SAINT-MARTIN-DES-CHAMPS

• Bouticycle Yannick Stephan
2, rue Antoine-Lavoisier
02 98 88 56 70
Location : non/Réparation : oui
Ouvert toute l'année

CARHAIX

• Canal Loisirs
Nivernic
02 98 99 58 61/06 24 32 63 25
contact@canal-loisirs.com
www.canal-loisirs.com
Location : oui/Réparation : non
Ouvert toute l'année

• Technic Bike
Boulevard Jean-Moulin
02 98 93 07 50
technic.bike@wanadoo.fr
www.technicbike.com
Location : non/Réparation : oui
Ouvert toute l'année sauf 3e semaine de juillet

LE CANAL DE NANTES À BREST

ÉTAPE 1 : De Landévennec à Pleyben

CHÂTEAULIN
• Camping de Rodaven
02 98 86 32 93
www.campingderodaven.fr
Location : oui/Réparation : non

• Sport Cycl'Aulne
13 Grand-Rue
02 98 86 12 50
Location : oui/Réparation : oui

ÉTAPE 2 : De Pleyben à Cléden-Poher

PLEYBEN
• Salaün Motoculture
ZA du Drevers
Rue Maurice-de-Tresiguidy
02 98 26 71 80
Location : non/Réparation : oui

CHÂTEAUNEUF-DU-FAOU
• Ulamir Aulne (groupes uniquement)
13 rue du Général-de-Gaulle
02 98 73 20 76
www.ulamir-aulne.com
Location : oui/Réparation : non

• Aulne Loisirs Plaisance
Penn ar Pont
02 98 73 28 63
www.aulneloisirs.com
Location : oui/Réparation : non

SPÉZET
• Urvoas Cycles
16 rue du Général-de-Gaulle
02 98 93 86 03
Location : oui/Réparation : oui

ÉTAPE 3 : De Cléden-Poher à Gouarec

CARHAIX
• Canal Loisirs
Nivernic
02 98 99 58 61/06 24 32 63 25
www.canal-loisirs.com
Location : oui/Réparation : non

• Technic Bike
Boulevard Jean-Moulin
02 98 93 07 50
www.technicbike.com
Location : non/Réparation : oui
Toute l'année sauf 3e semaine de juillet

• Décathlon
ZI Villeneuve
02 98 99 33 37
Location : non/Réparation : oui

GLOMEL
• Centre Nautique et d'Animation de Glomel
Base de Créharer
02 96 29 65 01
www.animation-glomel.com
Location : oui/Réparation : non

ROSTRENEN
• Rostrenen, 2 roues
8 rue Abbé-Gibert
02 96 29 16 25
Location : oui/Réparation : oui

ÉTAPE 4 : De Gouarec à Saint-Gérand

GOUAREC
• Camping Tost Aven
Le Bout du Pont
02 96 24 85 42/06 32 00 16 94
www.campingenbretagne.com
Location : oui/Réparation : oui
Ouvert de mai à mi-septembre

MÛR-DE-BRETAGNE
• Base départementale de plein air de Guerlédan
106 rue du Lac
02 96 67 12 22
www.base-plein-air-guerledan.com
Location : oui/Réparation : non

PONTIVY
• Office de Tourisme de Pontivy Communauté
Quai Niemen
02 97 25 04 10
www.pontivy-communaute.fr
Location : oui/Réparation : non

• Cycles Lamouric
1 rue Clémentel
02 97 25 03 46
Location : oui/Réparation : oui

ÉTAPE 5 : De Saint-Gérand à Montertelot

JOSSELIN

• Ets Guého
Rue de l'Écusson
ZC Le Pont-Mareuc
02 97 22 28 02
contact@josselin-motoculture.com
Location : oui/Réparation : oui

PLOËRMEL

• Miloux Cycles
19 rue des Forges
02 97 74 06 96
miloux.cycles@wanadoo.fr
Location : oui/Réparation : oui

ÉTAPE 6 : De Montertelot à Redon

LA CHAPELLE-CARO

• Ets Brunel
24 avenue des Frères-Rey
02 97 74 91 81
Location : non/Réparation : oui

MALESTROIT

• MBK – M. Demargne
45 faubourg Sainte-Anne
02 97 75 13 36
nicolas.mbk@wanadoo.fr
Location : oui/Réparation : oui

SAINT-MARTIN-SUR-OUST

• Garage Serazin
19 avenue de la Libération
02 99 91 55 91
Fermé samedi et dimanche après-midi
Location : non/Réparation : oui

PEILLAC

Location Philippe

2 La Touche-Morin
02 99 91 30 85/06 11 52 64 85
matrabenz@free.fr
Location : oui/Réparation : non

ÉTAPE 7 : De Redon à Blain

REDON

• Maison du Tourisme du Pays de Redon
Place de la République
02 99 71 06 04
www.tourisme-pays-redon.com
Location : oui/Réparation : non

• Azimut Bike
49 rue de Vannes
02 99 72 54 66
Location : non/Réparation : oui

• Soul Cycles
ZI Briangaud – 7 avenue Joseph-Ricordel
02 99 71 42 47
soul.cycles@orange.fr
Location : non/Réparation : oui

• Cycle Cheladeux
17 rue de Briangaud
02 99 72 19 95
Location : non/Réparation : oui

ÉTAPE 8 : De Blain à Nantes

BLAIN

• Cycles Patrick
27 quater, route de l'Isac
02 40 79 04 74
Location : non/Réparation : oui

NANTES

• Détours de Loire
Agence Gare routière Baco
02 40 48 75 37
www.locationdevelos.com
Location : oui/Réparation : oui

Hébergements « Accueil Vélo » adaptés à l'accueil des touristes à vélo

Pour vos étapes, des hébergements situés à 5 km maximum des voies ont été sélectionnés pour l'accueil des touristes à vélo. Parmi les hébergements référencés dans ce guide, certains bénéficient de la marque nationale « Accueil Vélo » (signalés dans la liste jointe). Ces chambres d'hôtes, campings, hôtels, auberge de jeunesse, gîte d'étape… vous offrent des équipements et services adaptés à vos besoins et à votre bien-être : local de stockage des vélos, aire de nettoyage et kit réparation, restauration appropriée, information sur les voies et documentation touristique…
Ces étapes recommandées sont citées ci-dessous par étape. Prévoyez de les réserver à l'avance.

LA VÉLODYSSÉE

ÉTAPE 1 : De Roscoff à Morlaix

ROSCOFF

- Hôtel La Résidence - 3 étoiles
14 rue des Johnnies
02 98 69 74 85
hotel.laresidence.roscoff@orange.fr
www.hotelroscoff-laresidence.fr

- Camping Aux 4 Saisons
2 étoiles, 200 emplacements
Perharidy - Le Ruguel
02 98 69 70 86
campingaux4saisons@wanadoo.fr
www.camping-aux4saisons.com

- Grand Hôtel Talabardon - 3 étoiles
Best Western
37 chambres
27 place Lacaze-Duthiers
02 98 61 24 95/06 79 09 28 82
hotel.talabardon@wanadoo.fr
www.hotel-talabardon.com

- Hôtel Armen Le Triton
Interhôtels, 2 étoiles, 46 chambres
Rue du Docteur-Bagot
02 98 61 24 24
resa@hotel-letriton.com
www.hotel-letriton.com

PLOUGOULM

- Gîte d'étape des Deux Rivières
Rando Accueil
24 personnes
Le Bourg
02 98 29 90 63
laplougoulmoise@orange.fr
www.rando-accueil.com

SAINT-POL-DE-LÉON

- Chambres d'hôtes Cardinal
Clévacances 2 clés
4-6 personnes
11, rue Goarem-Veguen
02 98 29 09 02
claude.cardinal@orange.fr

- Hôtel du Cheval Blanc - 2 étoiles
19 chambres
6, rue au Lin
02 98 69 01 00
contact@hotelchevalblanc.com
www.hotelchevalblanc.com

- Hôtel Le Passiflore, Logis
18 chambres
28, rue Pen Ar Pont
02 98 69 00 52
contact@hotel-restaurant-lepassiflore.fr
www.hotel-restaurant-lepassiflore.fr

- Camping de Trologot - 3 étoiles
100 emplacements
Grève du Man
02 98 69 06 26
camping-trologot@wanadoo.fr
www.camping-trologot.com

- Camping Ar Kléguer
Camping Qualité - Clef Verte
173 emplacements
Plage Sainte-Anne
02 98 69 18 81
info@camping-ar-kleguer.com
www.camping-ar-kleguer.com

ÉTAPE 2 : De Morlaix à Carhaix

PLOUIGNEAU

- Hôtel Les Bruyères - 2 étoiles
32 chambres
Départementale 712
02 98 88 08 68
hotellesbruyeres@wanadoo.fr
www.hotel-morlaix.fr

MORLAIX

- Chambres d'hôtes
Manoir de Coat Amour
Clévacances 4 clés, 4 chambres
Route de Paris
02 98 88 57 02
stafford.taylor@wanadoo.fr
www.gites-morlaix.com

PLOURIN-LÈS-MORLAIX

- Chambres d'hôtes Hélary
Gîtes de France 4 épis, 3 chambres
Lestrézec
02 98 72 53 55
phelary@yahoo.fr
http://pagesperso-orange.fr/tourisme.bretagne

HUELGOAT

- Camping La Rivière d'Argent
2 étoiles, 90 emplacements
La Coudraie
29690 Huelgoat
02 98 99 72 50
campriviere@wanadoo.fr
www.larivieredargent.com

POULLAOUEN

- Chambres d'hôtes Goasvennou
Gîtes de France 3 épis, 4 chambres
Goasvennou
02 98 93 57 63/02 98 99 33 33
degemer-mad@goasvennou-les-tilleuls.com
www.goasvennou-les-tilleuls.com

LE CANAL DE NANTES À BREST

ÉTAPE 1 : De Landévennec à Pleyben

LANDÉVENNEC
• Gîte d'étape de Landévennec
Rando Accueil
17 personnes
Le Bourg
02 98 27 72 65
mairie.landevennec@wanadoo.fr

• Camping municipal du Pâl
20 emplacements
Le Pâl
02 98 27 72 65
mairie.landevennec@wanadoo.fr

ARGOL
• Les Gîtes de l'Enclos - 3 épis
Le Bourg
02 98 27 33 36/06 61 91 88 43
www.gitesdelenclos.fr

• Chambres d'hôtes
Mme Riou
3 chambres - 8 personnes
Liorzou
02 98 27 75 25

DINÉAULT
• Camping Ty Provost ***
40 emplacements
Ty Provost
02 98 86 29 23
www.typrovost.com

CHÂTEAULIN
• Chambres d'hôtes
Mme Le Cann
1 chambre - 2 personnes
Penn ar Pont
02 98 86 10 91
www.pennarpont.fr

• Camping de Rodaven **
100 emplacements
Rocade de Parc Bihan
02 98 86 32 93/06 83 01 52 67
www.campingderodaven.fr

• Hôtel-Restaurant L'Instant gourmand
11 quai Cosmao
02 98 86 11 26

• Chambres d'hôtes « The Old Forge House » - 2 ou 3 clés
6 chambres de 2/3 personnes
56 rue Graveran
02 98 86 32 21/06 35 92 06 54
http://theoldforgehouse.webs.com

• Chambres d'hôtes Old Salt House - 2/3 clés
4 chambres - 8 personnes
4 quai Amiral-Douguet
02 98 86 28 85/06 06 46 21 09
http://oldsalthouse.com

SAINT-COULITZ
• Camping La Pointe ***
60 emplacements
Route de Saint-Coulitz
02 98 86 51 53
www.lapointesuperbecamping.com

ÉTAPE 2 : De Pleyben à Cléden-Poher

PLEYBEN
• Camping municipal **
(15 juin au 30 septembre)
60 emplacements
Pont Coblant
02 98 73 31 22/02 98 26 68 11 (mairie)

• Centre d'hébergement du centre nautique
10 chambres - 56 places
Pont Coblant
02 98 73 34 69
www.clubnautique-pleyben.fr

• Chambres d'hôtes - 3 épis
M. Maze
2 chambres
4 rue Châteaubriant
02 98 26 65 93/06 77 04 15 84

SAINT-THOIS
• Camping de Stervinou * (avril à septembre)
35 emplacements
02 98 73 20 76
www.ulamir-aulne.com

PLONÉVEZ-DU-FAOU
• Chambres d'hôtes « Domaine de Méros »
3 chambres - 9 personnes
Méros
09 77 95 87 11/06 81 02 63 33
www.domainedemeros.com

CHÂTEAUNEUF-DU-FAOU
• Camping de Penn ar Pont **
(1er mai au 30 septembre)
80 emplacements
02 98 81 81 25
www.wfvillages.fr

• Hôtel-Restaurant
Le Relais de Cornouaille ** - Logis
29 chambres
9 rue Paul-Sérusier
02 98 81 75 36
www.lerelaisdecornouaille.com

- Chambres d'hôtes « Au fil de l'Aulne »
3 et 4 épis
4 chambres
17 rue Jean-Dorval - 02 98 99 78 41
www.aufildelaulne.com
- Chambres d'hôtes
M. Mme Lohier
Keravel
02 98 81 89 29

SPÉZET

- Chambres d'hôtes - 3 épis
M. Canevet
2 chambres
Kerdraffret
02 98 93 80 60
- Chambres d'hôtes « Manoir de Toullaëron » - 3 épis
Mme Lassaigne
5 chambres - 11 personnes
02 98 93 97 58
www.manoirdetoullaeron.com

SAINT-GOAZEC

- Camping municipal du Goaker **
(15 juin au 15 septembre)
30 emplacements
Moulin du Pré
02 98 73 20 76

LANDELEAU

- Presbital Kozh
3 chambres - 15 personnes
3, rue de l'Aulne
02 98 93 93 08/07 82 78 24 37
www.gite-presbitalkozh-landeleau.bzh
- Aire naturelle du Stang
(15 juin au 15 septembre)
30 emplacements
Le Stang
02 98 93 82 16 (mairie)

SAINT-HERNIN

- Gîtes domaine de Koadig
Koadig
02 98 99 50 57
http://perso.orange.fr/andre.leal
dd.leal@wanadoo.fr

ÉTAPE 3 : De Cléden-Poher à Gouarec

CLÉDEN-POHER

- Camping du Moulin Vert ***
(juin à septembre)
45 emplacements
Pratulo
02 98 93 82 05/06 73 83 44 29

CARHAIX

- Camping de la Vallée de l'Hyères **
(1er juin au 30 septembre)
62 emplacements
Vallée de l'Hyères
02 98 99 10 58/02 98 99 33 33 (mairie)
www.ville-carhaix.com
  - Hôtel Le Noz Vad **
  43 chambres
  12 boulevard de la République
  02 98 99 12 12
  www.nozvad.com
- Hôtel d'Ahès
10 chambres
1 et 3 rue Ferdinand-Lancien
02 98 93 00 09
- Chambres d'hôtes « Manoir de Kerlédan »
4 clés
M. Mme Dinwiddie
3 chambres - 8 personnes
02 98 99 44 63
www.kerledan.com

MAËL-CARHAIX

  - Aire naturelle de camping de l'étang des sources (1er juillet au 31 août)
  25 emplacements
  Kervougard
  02 96 24 64 12/02 96 24 73 00
  mairie. mael-carhaix@wanadoo.fr

GLOMEL

  - Chambres d'hôtes « Canal Chouette »
  Accueil Paysan
  4 chambres - 8 personnes
  Kergérard
  02 96 29 81 44
  www.canalchouette.fr
- Auberge-Manoir Saint-Péran
Rando Accueil
10 chambres
Saint-Péran
02 96 29 60 04
- Hôtel-Restaurant La Cascade **
9 chambres
5 Grand'Rue
02 96 29 60 44
- Camping Le Corong **
(15 juin au 15 septembre)
55 emplacements
Etang du Corong
02 96 29 60 51/02 96 29 84 20
communeglomel@wanadoo.fr

ROSTRENEN

  - Hôtel-Restaurant Le Henri IV **
  32 chambres
  Kerbanel - RN164
  02 96 29 15 17
  www.henri4-medicis.fr

• Camping Fleur de Bretagne **
60 emplacements
Route de Silfiac
02 96 29 16 45/06 30 76 15 55
www.fleurdebretagne.com

MELLIONNEC

• Chambre d'hôtes et Camping « Belle Vue » - Bienvenue à la ferme
1 chambre - 6 emplacements
Belle Vue - Route de Locuon
02 96 24 24 23
www.vacancesabellevue.com

• Chambre d'hôtes « Manoir de Kergoran »
3 épis
1 chambre
02 96 24 25 32/06 84 79 09 82
www.kergoran.com

• Chambres d'hôtes « Manoir du Poul » 3 épis
3 chambres - 8 personnes
02 96 24 25 99
http://le-poul.gitedarmor.com

• Chambres d'hôtes (4/6 pers.) et gîte (2-4 pers.)
Le Domaine de Kozhker-Boulou
Cosquer-Boulou
02 96 24 29 63
http://kozhker-boulou.fr

PLOUGUERNÉVEL

• Gîte d'étape de Kermarc'h
25 lits
02 96 29 10 95/06 73 55 60 31
www.plouguernevel.com/kermarch

• Camping de Kermarc'h **
24 emplacements
02 96 29 10 95/06 73 55 60 31
www.plouguernevel.com/kermarch

• Chambres d'hôtes de Boconnec
Accueil Paysan
Mme Drapeau
4 chambres
02 96 29 14 09/06 67 35 46 05
www.bokoneg.com

PLÉLAUFF

• Gîte d'étape « Centre d'animation Camina » - 58 lits
Le Bourg
02 96 24 85 24
www.camina22.com

ÉTAPE 4 : De Gouarec à Saint-Gérand

GOUAREC

• Gîte d'étape « La Gare » - Rando Accueil
3 chambres - 14 personnes
06 77 38 05 95
www.rando-accueil.com

• Camping Le Tost Aven **
(15 mai au 15 septembre)
100 emplacements
Le Bout du Pont
02 96 24 85 42
baxter.david@wanadoo.fr

PERRET

• Chambres d'hôtes - 3 épis
M. Mme Le Roux
2 chambres
Le Presbytère
02 96 24 86 41/06 17 13 26 20
lepresbytere.chez-alice.fr

LANISCAT

• Gîte d'étape « L'Orée du bois »
Rando Accueil
19 lits
Route de Gouarec
06 99 20 22 57/02 96 36 96 00
mairiedelaniscat@wanadoo.fr
www.laniscat.fr

SAINT-GELVEN

• Hôtel-Restaurant Les Jardins de l'Abbaye
5 chambres
Bon Repos
02 96 24 95 77
www.jardinsabbaye.fr

CAUREL

• Hôtel-Restaurant Le Beau Rivage **
8 chambres
Beau Rivage
02 96 28 52 15
www.le-beau-rivage.net

• Camping Nautic International ****
(15 mai au 25 septembre)
Camping Qualité - Clef Verte
120 emplacements
Route de Beau Rivage
02 96 28 57 94
www.campingnautic.fr.st

• Chambre d'hôtes - 2 épis
Mme Le Bozec
2 chambres - 4 personnes
3 Kergoff - Route du Lac
02 96 28 59 47/06 82 18 54 63

• Gîte d'étape - Rando Accueil
4 chambres - 19 personnes
Le Bourg
02 96 67 11 00

• Hôtel-Restaurant Le Relais du Lac **
7 chambres
56 rue Roc'hell
02 96 67 11 00
relaisdulaccaurel@wanadoo.fr

MÛR-DE-BRETAGNE

- Camping Rural de Quénécan
6 emplacements
Route de Cléguérec
02 96 26 00 81

- Camping Le Point de Vue - 2 étoiles
126 emplacements - 5 chalets
104, rue du Lac
02 96 26 01 90
www.camping-lepointdevue.fr

- Chambres d'hôtes
« Ferme du Pont Guern » 3 épis
M. Mme Le Boudec
3 chambres - 7 personnes
Pont Guern
02 96 28 54 52/06 68 37 45 75
www.tycanal.com

- Chambre d'hôtes - 2 clés
M. Mme Partridge
1 chambre
14 rue de la Résistance
02 96 26 05 79/06 30 44 12 45

- Chambre d'hôtes - 1 clé
M. Mme Meunier
1 chambre familiale
Favanic
02 96 26 00 00/02 96 94 50 94

- Hôtel-Restaurant Auberge Grand'Maison ***
9 chambres
1 rue Léon-le-Cerf
02 96 28 51 10
www.auberge-grand-maison.com

- Hôtel-Restaurant La Perrière
8 chambres
2 rue des Ardoisiers
02 96 26 08 63

SAINT-AIGNAN

- Camping « Merlin, les Pieds dans l'Eau »
(mai à début octobre)
Anse de Sordan
02 97 27 52 36
www.restaurant-merlin.fr

- Chambres d'hôtes - 3 épis
Mme Henrio
3 chambres - 7 personnes
Croix-Even
02 97 27 51 56/06 86 31 62 06

NEULLIAC

- Chambres d'hôtes « Ferme de Kerveno »
- 3 épis
4 chambres - 10 personnes
02 97 25 53 17 / 02 97 25 40 21 /
06 70 34 66 55
http://ferme-de-kerveno.monsite-orange.fr

- Chambres d'hôtes - 3 épis
Mme Miloux
3 chambres - 7 personnes

Bel Air
02 97 39 62 48/06 86 65 86 04
miloux.bretonniere@wanadoo.fr

CLÉGUÉREC

- Chambres d'hôtes « La ferme de Lintever » - 3 épis
4 chambres - 12/14 personnes
La Ferme de Lintever
02 97 38 03 95/06 71 66 27 44
www.fermedelintever.com

- Chambres d'hôtes « Ty Skol »
Mme Morris
2 chambres - 4 personnes
02 97 38 11 99
www.tyskol.com

MALGUÉNAC

- Chambres d'hôtes - 3 épis
Mme Patard
1 chambre - 2 personnes
Le Cosquer
02 97 27 38 15/06 25 91 52 33
jacques.a.patard@wanadoo.fr

PONTIVY

- Gîte de séjour et meublé Pasco
Clévacances, 9 personnes
Chef de ville
02 97 27 93 26
alain.pasco@wanadoo.fr

- Hôtel Robic ** - Qualité Tourisme - Logis
23 chambres
4 rue Jean-Jaurès
02 97 25 11 80
www.hotel-robic.com

- Auberge de jeunesse
65 places
Îlot des Récollets
02 97 25 58 27
www.fuaj.org/pontivy

- Chambre d'hôtes - Chambre d'hôtes de Bretagne
Mme Cost de Geyer
1 chambre - 2 personnes
106 rue Nationale
02 97 25 50 10
ekawel@wanadoo.fr

- Chambre d'hôtes - 2 clés
Mme Launay
1 chambre familiale - 4 personnes
18 rue de Gascogne
02 97 25 74 81/06 85 37 98 88
moniquelaunay@wanadoo.fr

- Chambres d'hôtes - 2 clés
Mme Prouff
2 chambres - 4/7 personnes
9 rue de Lourmel
02 97 25 07 52/06 88 49 75 94
laurent.prouff@wanadoo.fr

• Chambre d'hôtes - 2 clés
Mme Renault
1 chambre - 2/4 personnes
13 rue de Kermadeleine
02 97 25 45 88/06 25 71 06 20
carole.renault@aliceadsl.fr

• Hôtel Le Rohan ***
Qualité Tourisme - Citotel
16 chambres
90 rue Nationale
02 97 25 02 01
www.hotelpontivy.com

• Hôtel de l'Europe ***
Qualité Tourisme - Logis
18 chambres
12 rue François-Mitterrand
02 97 25 11 14
www.hotellerieurope.com

• Hôtel du Porhoët **
41 rue du Général-de-Gaulle
02 97 25 34 88
hotel-duporhoet@wanadoo.fr

• Hôtel Étap'Hôtel *
52 chambres
ZAC Saint-Niel
0 892 70 12 52
www.etaphotel.com

• Hôtel-Restaurant Ibis **
45 chambres
ZAC Saint-Niel
02 97 07 07 40
www.ibispontivy.com

ÉTAPE 5 : De Saint-Gérand à Montertelot

SAINT-GONNERY

• Chambres d'hôtes « La Ferme de la Cavalerie » - 2 clés
2 chambres - 5 personnes
La Cavalerie
06 33 69 27 81
www.gite-cavalerie-morbihan.com

GUELTAS

• Gîte d'étape - France Passion
Mme Briend
5 lits
Kerloi
02 97 51 55 56

ROHAN

• Chambres d'hôtes « La Villa Tranquillité » Gîtes de France (ECC)
4 chambres - 15 personnes
6 rue de la Minoterie
02 97 38 58 68/06 76 10 12 49
www.villa-tranquillite.fr

• Camping municipal du Val d'Oust **
(début juin à mi-septembre)
02 97 51 50 33/02 97 51 57 58 (saison)

• Chambres d'hôtes - Chambre d'hôtes de Bretagne
Mme Stil
1 chambre - 2/5 personnes
10 rue du Stade
02 97 38 99 12
valerie.stil@wanadoo.fr

• Chambres d'hôtes
Mme Le Pottier
3 chambres - 9 personnes
5 rue Haute-Ville
02 97 51 50 39/06 87 85 22 75
marie-therese.lepottier@orange.fr

CRÉDIN

• Gîte « La Ferme d'Arné »
Rando Accueil
15 personnes
Arné
02 97 38 97 49
http://arne-vacances.pagesperso-orange.fr

LANOUÉE

• Hôtel-Restaurant
« Au Relais de l'Oust » **
25 chambres
Route de Pontivy
02 97 75 63 06
www.aurelaisdeloust.com

GUÉGON

• Chambres d'hôtes - 2 clés
M. Mme Spencer
2 chambres - 5 personnes
Bréhalé
02 97 73 95 94
www.chez-spencer.co.uk

• Camping du Bas de la Lande ***
50 emplacements
Le Bas de la Lande
02 97 22 22 20
www.guegon.fr

• Chambres d'hôtes - 2 clés
Mme Merle
2 chambres - 6 personnes
Tréganteur
02 97 73 05 68
jean-louis.lozano@hotmail.fr

JOSSELIN

• Hôtel-Restaurant Le Relais de l'Oust **
Route de Pontivy
02 97 75 63 06
relaisdeloust@wanadoo.fr
www.aurelaisdeloust.com

- Chambres d'hôtes « Le Clos des Devins »
3 épis
3 chambres - 7 personnes
11 rue des Devins
02 97 75 67 48/06 88 84 77 05
jpierre.astruc@wanadoo.fr

- Chambres d'hôtes - 3 épis
M. Guyot
4 chambres - 9 personnes
7 La Butte-Saint-Laurent
02 97 22 22 09/06 14 44 74 63
www.chambres-bretagne.com

- Chambres d'hôtes - 2 clés
Mme Bird
2 chambres - 4 personnes
6 rue de Caradec
02 97 73 98 07
bbird64@gmail.com

- Chambres d'hôtes - 2 clés
Mme Brunel
4 chambres - 7 personnes
13 rue Lucien-Briend
02 97 75 68 58
annemarie.brunel@free.fr

- Chambres d'hôtes - 3 clés
Mme Hebbard
2 chambres - 4 personnes
Impasse de la Carrière
02 97 22 26 16
timothy.hebbard@wanadoo.fr

- Hôtel-Restaurant du Château ** - Logis
36 chambres
1 rue du Général-de-Gaulle
02 97 22 20 11
www.hotel-chateau.com

- Gîte d'étape « La maison éclusière »
Rando Accueil
14 personnes
L'écluse
02 97 22 24 17
www.josselin.com

LA CROIX-HELLÉAN

- Chambres d'hôtes « Les Hortensias »
3 épis
3 chambres - 8 personnes
La Ville-Robert
02 97 75 64 37/06 81 90 05 75
www.gites-de-france56.com

- Chambres d'hôtes - 2 clés
Mme Wright
3 chambres - 10 personnes
Le bourg
02 97 74 63 47
www.josselin.co.uk

SAINT-SERVANT-SUR-OUST

- Chambres d'hôtes - 2 épis
M. Mme Adelys
1 chambre - 2 personnes
Le Temple
02 97 22 34 33/06 64 42 65 12
joseph.adelys@wanadoo.fr

GUILLAC

- Chambres d'hôtes
Gîtes de France (ECC)
11 personnes
Mme Min Kim
An Ti Coz
02 97 72 18 51/06 83 04 17 81
an.ti.coz@orange.fr

- Camping des Cerisiers *
25 emplacements
Brancillet
02 97 75 61 24
www.josselincamping.com

ÉTAPE 6 : De Montertelot à Redon

PLOËRMEL

- Chambres d'hôtes « Le Château de Saint-Malo » - 3 clés
3 chambres - 8 personnes
02 97 73 58 20
www.chateau-saint-malo.com

LE ROC-SAINT-ANDRÉ

- Camping Domaine du Roc **
50 emplacements
Rue Beaurivage
02 97 74 91 07/06 67 00 42 29
http://domaine-du-roc.com

LA CHAPELLE-CARO

- Hôtel-Restaurant « Le Petit Kériquel » **
Logis
7 chambres
1 place de l'Église
02 97 74 82 44
www.keriquel.com

SAINT-MARCEL

- Gîte d'étape Les berges de Launay
Launay
4 chambres, 11 personnes
06 81 86 59 94
gitedelaunay@orange.fr
www.lesbergesdelaunay.com/

- Chambre d'hôtes - 2 épis
Mme Hemery
1 chambre - 4 personnes
18 rue du Général-de-Gaulle
La Charmille
02 97 75 01 94

- Chambre d'hôtes - 2 épis
Mme Thibault
1 chambre - 4 personnes
20 rue du Général-de-Gaulle
Cité Bel Air
02 97 75 17 42

• Chambres d'hôtes - 2 clés
Mme Baconnais
2 chambres - 4 personnes
Rue des Fusillés
02 97 75 20 89/06 26 66 24 20

MALESTROIT

• Chambres d'hôtes « La Maison Blanche »
- 2 et 3 clés
3 chambres - 6 personnes
2 rue Madame
02 97 72 29 09/06 32 76 16 66
www.alamaisonblanche.eu

• Chambres d'hôtes - 1 clé
Mme Michel
2 chambres - 5 personnes
La Garmanière
02 97 75 20 27/06 74 62 85 89

• Chambres d'hôtes - 3 clés
Mme Chaveneau
2 chambres - 4 personnes
La Garmanière
02 97 73 75 30
chaveneau.rene@orange.fr

• Chambres d'hôtes - 1 clé
Mme Roze
2 chambres - 3 personnes
22 rue Édouard-Entremont
02 9775 14 02

• Chambres d'hôtes - 2 clés
Mme Rubaud
3 chambres - 6 personnes
20 rue de la Mennais
02 97 75 11 47/06 72 05 45 08

RUFFIAC

• Chambres d'hôtes - 3 épis
M. Couedelo
5 chambres - 13 personnes
Rangera
02 97 93 72 18

SAINT-LAURENT-SUR-OUST

• Gîte d'étape « Les Laurentides »
Rando Accueil
13 chambres - 40 personnes
Rue Greneuc
02 97 73 78 36
www.les-laurentides.fr

• Chambres d'hôtes - 2 épis
M. Mme Gru
2 chambres - 6 personnes
Evas - La Brière
02 97 75 02 62/06 12 02 46 70
www.madeleineetjean.fr

SAINT-CONGARD

• Gîte Rand'eau pour Tous - 2 clés
3 chambres - 10 personnes
21 route de Redon
02 99 08 07 08
www.gite56.com

• Camping du Halage **
35 emplacements
Le Bourg
02 97 43 50 13
mairie-st-congard@wanadoo.fr

• Chambres d'hôtes - 3 épis
Mme Garnier
2 chambres - 4 personnes
Fendrement
02 97 43 58 20/06 07 97 51 09
marieclaire.garnier@orange.fr

SAINT-MARTIN-SUR-OUST

• Camping de la Digue **
(mai à septembre)
75 emplacements
La Digue
02 99 91 55 76
st-martin-oust@wanadoo.fr

• Chambres d'hôtes « Popote et Polochon »
2 et 3 clés
4 chambres - 13 personnes
1 suite - 2 personnes
4 et 6 avenue de la Libération
02 99 91 52 51
www.popote-et-polochon.net

PEILLAC

• Camping du Pont d'Oust **
(mai à septembre)
63 emplacements
Le Pont d'Oust
02 99 91 26 76
mairie@peillac.fr

• Chambres d'hôtes « La Louve Blanche »
Gîtes de France (ECC)
3 chambres - 7 personnes
2 La Touche-Morin
02 99 91 30 85
annaoriental@free.fr

• Gîte de Cranhac - Rando Accueil
3 chambres - 10 places
Cranhac
02 99 93 40 05/06 75 22 34 04
http://gite-cranhac.com

• Hôtel Chez Antoine *
8 chambres
17 rue du Stade
02 99 91 24 43
www.hotelchezantoine.com

LES FOUGERÊTS

• Chambres d'hôtes - 3 clés
Mme Hercelin
3 chambres - 10 places
Saint-Jacob
02 99 91 57 14/06 48 90 47 73
www.mariannig-didier.com

GLÉNAC

- Chambres d'hôtes « Château de Sourdéac » - 3 épis
2 chambres - 5 personnes
02 99 08 13 64
www.sourdeac.fr

- Chambres d'hôtes « Les Ploguais » 3 épis
2 chambres - 6 personnes
17 Choisel
02 99 08 25 65
yves.tremoureux@wanadoo.fr

SAINT-VINCENT-SUR-OUST

- Camping de Painfaut ** (mai à octobre)
30 emplacements
06 88 64 69 87
www.camping-lepainfaut.fr

- Gîte d'étape et aire naturelle du Ménéhy Rando Accueil
8 chambres - 24 places/70 emplacements
Le Ménéhy
02 99 91 35 15/06 81 23 55 55
giteponeyclubmenehy@free.fr

BAINS-SUR-OUST

- Camping de l'Île aux Pies **
(mars à novembre)
60 emplacements
Île aux Pies
02 99 91 70 87
www.bainssuroust.net

- Aire naturelle de camping
(mars à novembre)
17 places
La Morinais
02 99 72 12 17
www.fermelamorinais.com

- Gîte de groupes du Ménaret
7 chambres - 24 places
Le Ménaret
02 99 91 61 98
http://monsite.orange.fr/gite.du.menaret

ÉTAPE 7 : De Redon à Blain

Nota : en Loire-Atlantique, les hébergements adaptés aux touristes à vélo sont qualifiés « Vélo Accueil »

REDON

- Hôtel Le France ** - Citotel
18 chambres
30 rue Duguesclin
02 99 71 06 11
www.hotellefrance.com

- Hôtel-Restaurant Chandouineau **
7 chambres
1 rue Thiers
02 99 71 02 04
http://hotel-restaurant-chandouineau.com

- Asther Hôtel **
14 bis rue des Douves
02 99 71 10 91
www.asther-hotel.com

- Queen Serenity Hôtel**
20 chambres
16 avenue de la Gare
02 99 71 13 20
www.hotelredon.com

- Auberge de jeunesse (juin à août)
5 chambres - 18 places
MAPAR - 2 rue Claude-Chantebel
02 99 72 14 39
www.mapar.fr

- Hôtel Étap'Hôtel
46 chambres
7 rue Louis-Guilloux - route de Rennes
02 99 72 71 71
H6755@accor.com/www.etaphotel.com

- Camping municipal **« La Goule d'eau »
(juillet-août)
49 emplacements
Zone portuaire - rue de la Goule-d'Eau
02 99 72 47 92 (en saison)/02 99 71 08 10
cadredevie@mairie-redon.fr

- Chambre d'hôtes « La Riaudaie »
Fleur de Soleil
2 chambres - 4 personnes
58 La Riaudaie
02 99 72 35 70/06 63 11 40 51
www.lariaudaie.com

SAINT-NICOLAS-DE-REDON

- Hôtel Bel Hôtel **
32 chambres
42 avenue Jean-Burel
02 99 71 10 10
www.bel-hotel.com

RIEUX

- Camping municipal « Le Parc du château » (avril à fin octobre)
45 emplacements
Rue du Château
02 99 91 90 69 (en saison)/02 99 91 90 69
mairiederieux@wanadoo.fr

FÉGRÉAC

- Gîte d'étape Pont Miny
3 chambres - 9 places
Pont Miny
02 40 91 20 21 (mairie)/06 85 57 51 97

- Camping du Bellion * (mai à septembre)
15 emplacements
Les Bellions
02 40 91 20 21 (mairie)

GUENROUËT

- Camping Saint-Clair ***
116 emplacements
Saint-Clair
02 40 87 61 52
www.campingsaintclair.com

- Gîte d'étape - Halte nautique (avril à octobre)
6 personnes
Quai Saint-Clair
02 40 87 64 18 (mairie)
www.guenrouet.fr

- Chambres d'hôtes « Au Petit Nid Douillet » - 3 clés
2 chambres - 7 personnes
35 Rétaud
02 40 87 45 83/06 22 20 37 31
www.aupetitniddouillet.fr

- Gîte d'étape « La Rivière Blanche »
14 personnes
La Touche Robin
02 40 87 64 94
http://rb44.free.fr

- Chambres d'hôtes « Le Cougou » - 3 épis
M. Mme Biard
4/5 personnes
Le Cougou
02 40 79 49 30
www.lecougou.com

- Chambres d'hôtes « Exçarêve » - 2 épis
Mme Lasausse
4 personnes
Le Cougou
02 40 87 79 09/06 71 62 36 86
http://excareve.free.fr

PLESSÉ

- Chambre d'hôtes « Le Coudray »
Accueil Paysan
1 chambre - 2 personnes
02 40 51 86 89
www.coindecampagne.com

LE GÂVRE

- Hôtel Auberge de la Forêt *** - Logis
8 chambres
02 40 51 20 26
www.auberge-delaforet.fr

SAINT-OMER-DE-BLAIN

- Chambres d'hôtes « Le Nid d'Omer »
3 épis
2 chambres - 6 personnes
La Rouaudais
02 40 51 35 38/06 66 79 00 89
www.lenidomer.fr

ÉTAPE 8 : De Blain à Nantes

Pour les autres hôtels et chambres d'hôtes, se renseigner auprès de l'Office de Tourisme de Nantes Métropole au 0892 464 044

BLAIN

- Gîte d'étape La Groulais
13 places
02 40 87 15 11/06 88 34 72 38

- Camping du Château **
(mai à fin septembre)
45 emplacements
Route de Saint-Nazaire
02 40 79 11 00

- Chambres d'hôtes - 2 épis
Mme Hécaud
3 chambres - 7 personnes
Le Gravier
02 40 79 10 25

- Chambres d'hôtes - 3 épis
M. Mme Pineau
2 chambres - 9 personnes
Le Mercerais
02 40 79 04 30

HÉRIC

- Gîte d'étape « Les Hirondelles »
2 chambres - 8 personnes
La Heurtaudais
02 40 57 67 06/06 70 04 45 09
http://gite-des-hirondelles.pagesperso-orange.fr

- Camping La Pindière ***
56 emplacements
02 40 57 65 41
www.camping-la-pindiere.com

NORT-SUR-ERDRE

- Gîte d'étape/ Gîte de groupe Le Plessis Pas Brunet
5 chambres -15 personnes
609 Le Plessis Pas Brunet
07 70 18 35 08
morisset.edith@wanadoo.fr

- Gîte Ferme de Quiheix
2 chambres - 4 personnes
06 83 00 08 98
jean-pierre.luce4@wanadoo.fr

- Camping communal **
70 emplacements
Port Mulon
02 40 72 23 57
camping. nort-sur-erdre@orange.fr

- Chambres d'hôtes - 3 épis
M. Fourage
2 chambres - 8 personnes
1 route d'Issé
02 40 72 21 03
lemarais44@yahoo.fr

- Hôtel-Restaurant Le Bretagne **
7 chambres
41 rue Aristide-Briand
02 40 72 21 95
www.hotel-bretagne-lorin.com
- Hôtel Relais de la Grange **
24 chambres
Rue d'Anjou
02 51 12 60 57
www.relaislagrange.com
- Chambres d'hôtes Logis du Pâtis Roux
3 épis
M. Raimondeau
3 chambres - 7 personnes
Le Pâtis Roux
02 40 85 01 02
www.logis-patis-roux.fr
- Gîte d'étape Vault
18 places
02 40 72 10 49
gite.nort-sur-erdre@orange.fr
- Gîte maison éclusière de la Tindière
8 personnes
5 village de Sobidain
06 70 04 45 09
www.etapecanalgiteeclusedelatindiere.com

- SAINT-MARS-DU-DÉSERT
- Chambres d'hôtes - 3 épis
M. Mme Morisseau
3 chambres - 8 personnes
21 Longrais
02 40 77 48 25

SUCÉ-SUR-ERDRE
- Chambres d'hôtes La Bachellerie - 2 épis
M. Galon
4 chambres - 12 personnes
02 40 77 72 73
- Chambres d'hôtes « Jardin de la Plage Verte » - 3 épis
Mme Degrez
2 chambres - 4 personnes
2 chemin de la Dolette
02 40 77 96 25
http://gitplage.verte.free.fr
- Chambres d'hôtes « Les Arbres Rouges »
4 épis
4 chambres - 8 personnes
570 route de Carquefou
02 51 81 15 00
www.lesarbresrouges.com

LA CHAPELLE-SUR-ERDRE
- Westotel Nantes Atlantique *** Écolabel
34 rue de la Vrière
02 51 81 36 36
www.westotel.com
- Chambre d'hôtes « Lilas » - 1 clé
1 chambre - 2 personnes
2 bis rue du Vieux-Four
02 40 29 73 02

- Chambre d'hôtes « Le Pré de La Lande »
6 rue du Bois-Rivaux - La Brosse
02 40 29 74 38
marie-claude.vachon@orange.fr

CASSON
- Gîte meublé Le Nid Douillet
161 la Bunière
02 40 77 63 64/06 06 63 15 94
gitelenidouillet@gmail.com

CARQUEFOU
- F1 La Belle Étoile
2 allée des Sapins
08 91 70 53 36
www.hotelf1.com
- Chambre d'hôtes « Résidence du Fournil »
Lieu-dit « La Barre » - Route de Port-Jean
02 40 52 72 53/06 07 71 32 56
www.residencedufournil.fr

SAINT-SEBASTIEN-SUR-LOIRE
- Chambre d'hôtes « Au détour des pas enchantés »
Mme et M. Michault
41 rue Genetay
02 40 34 82 79/06 22 25 30 02
www.gites-enchantes.com

INDRE
- Chambre d'hôtes « La Maison Lorragne »
Gîtes de France
Mme Schmit
2 rue des Mimosas
02 40 36 01 12/06 81 04 90 23
isajcschmit44@orange.fr
http://maison-lorragne.monsite-orange.fr

COUERON
- Chambre d'hôtes « La Trémière »
Clévacances
Mme et M. Paris
5 rue des Sternes
06 70 07 60 97
info@chambre-hote-latremiere.com
http://chambre-hote-latremiere.com/

SAINT-JEAN-DE-BOISEAU
- Chambres d'artistes « Château du Pé »
Mme Hubele
Rue de l'Égalité
06 09 43 01 63
www.chateaudupe.fr

NANTES
- Nantes Camping *****
21 boulevard du Petit-Port
02 40 74 47 94/06 22 34 08 88
nantes-camping@nge-nantes.fr
luc.bonnaud@nge-nantes.fr
www.camping-nantes.fr

• Chambre d'hôtes « A la maison jaune »
Mme Onillon-Richard
78 rue de la Fontaine-de-Barbin
02 40 93 67 01/06 77 38 27 44
alamaisonjaune@gmail.com
http://alamaisonjaune.e-monsite.com/

• Chambre d'hôtes « Vue sur Erdre »
Clévacances
Mme et M. Viaud
7 avenue de Cierzay
02 40 52 06 00/06 14 20 19 20
vuesurerdre@sfr.fr
www.chambredhote-nantes-erdre.fr

• Hôtel Amiral **
26 bis rue Scribe
02 40 69 20 21
amiral@hotel-nantes.fr
http://www.hotel-nantes.fr/

• Hôtel Astoria ***
11 rue de Richebourg
02 40 74 39 90
contact@astorianantes.com
www.hotelastorianantes.com

• Hôtel Belfort **
1 rue de Belfort
02 40 47 05 57
directionbelfort@orange.fr
www.hotel-belfort-nantes.fr/

• Hôtel Cœur de Loire **
3 rue Anatole-le-Braz
02 40 74 35 61
contact@coeurdeloirehotel.com
www.coeurdeloirehotel.com

Hôtel d'Orléans *
12 rue du Marais/Cours des 50-Otages
02 40 47 69 32
hoteldorleansnantes@free.fr
www.nantes-hotel-dorleans.com

• Hôtel Graslin ***
1 rue Piron
02 40 69 72 91
info@hotel-graslin.com
direction@hotel-graslin.com
www.hotel-graslin.com

• Hôtel L'Hôtel ***
6 rue Henri-IV
02 40 29 30 31
lhotel@mageos.com
http://www.nanteshotel.com/

• Hôtel Surcouf **
38 rue Richebourg
02 40 74 17 25
hotelsurcouf@wanadoo.fr
www.hotelsurcouf.fr

• Hôtel Mercure Ile de Nantes
100 chambres
15 boulevard Alexandre-Millerand - Beaulieu
02 40 95 95 95
H0555@accor.com/www.mercure.com

• Hôtel Duquesne ** - Logis - Clef Verte
25 chambres
12 allée Duquesne
02 40 47 57 24
www.hotel-duquesne-nantes.com

D'autre listes d'hébergeurs sont disponibles en offices de de tourisme.

Les offices du tourisme

Pour en savoir plus sur les territoires traversés, n'hésitez à vous renseigner auprès des offices de tourisme.

LA VÉLODYSSÉE

• Office de Tourisme de Roscoff
Quai d'Auxerre - BP 58
02 98 61 12 13
tourisme.roscoff@wanadoo.fr
www.roscoff-tourisme.com

• Office de Tourisme de Saint-Pol-de-Léon
Place de l'Évêché
02 98 69 05 69
tourisme.st.pol.de.leon@wanadoo.fr
www.saintpoldeleon.fr

• Office de Tourisme de Morlaix
Place des Otages
02 98 62 14 94
morlaix@tourisme.morlaix.fr

• Maison du Tourisme de la Baie de Morlaix et Monts d'Arrée
35 place du Bourg
29620 Plouegat-Guerrand
02 98 79 92 92
bienvenue@tourisme.morlaix.fr
www.tourisme.morlaix.fr

• Office de Tourisme de Huelgoat
18 place Aristide-Briand
02 98 99 72 32
otsi.huelgoat@orange.fr
www.tourismehuelgoat.fr

• Office de Tourisme de Carhaix et du Poher
Rue Brizeux
02 98 93 04 42
tourismecarhaix@wanadoo.fr
http://tourismecarhaix.poher.com/fr

LE CANAL DE NANTES À BREST

- Office de Tourisme de l'Aulne
Quai Cosmao
29150 Châteaulin
02 98 86 02 11
www.tourisme-porzay.com

- Office de Tourisme Communautaire
(Pont-de-Buis, Saint-Ségal, Rosnoën)
10 rue du Général-de-Gaulle – Faou
02 98 81 06 85
Ouvert du 15 juin au 15 septembre

- Syndicat d'Initiative de Pleyben
Place Charles-de-Gaulle
02 98 26 71 05
www.tourismepleyben.fr

- Syndicat d'Initiative de Plonévez-du-Faou
Mairie
02 98 86 90 07

- Office de Tourisme de
Châteauneuf-du-Faou
Place Ar Segal
02 98 81 83 90
www.chateauneuf-du-faou.fr

- Syndicat d'Initiative de Landeleau
Mairie
02 98 93 82 16

- Syndicat d'Initiative de Spézet
Rue du Général-de-Gaulle
02 98 93 94 70
www.mairie-spezet.fr

- Office de Tourisme de Carhaix et du Poher
Rue Brizeux
29270 Carhaix-Plouguer
02 98 93 04 42
tourismecarhaix@wanadoo.fr
http://tourismecarhaix.poher.com/fr

- Office de Tourisme du Kreiz Breizh
(Rostrenen)
6 rue Abbé-Gibert - BP 12
02 96 29 02 72
www.tourismekreizbreizh.com

- Point I de Gouarec
Pavillon des Rohan
02 96 24 87 90
Ouvert en juillet et août

- Office de Tourisme de Guerlédan
(Mûr-de-Bretagne)
Place de l'Église
02 96 28 51 41
www.guerledan.fr

- Office de Tourisme de Pontivy
Communauté
Quai Niemen
02 97 25 04 10
www.pontivy-communaute.fr

- Office de Tourisme du Pays de Josselin
26 rue des Trente
02 97 22 36 43
www.paysdejosselin-tourisme.com

- Office de Tourisme de Ploërmel – Terres de légendes
5 rue du Val
02 97 74 02 70
www.tourisme-ploermel.com

- Communauté de Communes Val d'Oust et Lanvaux – Point Info Tourisme
Le Pass' Temps
02 97 75 45 35
tourisme@ccvol.com

- Office de Tourisme du Pays de La Gacilly
Le Bout du Pont
02 99 08 21 75
www.paysdelagacilly.com

- Syndicat d'Initiative de Peillac
Camping du Pont d'Oust
02 99 91 39 33
Ouvert du 1er juillet au 31 août

- Maison du Tourisme du Pays de Redon
Place de la République
02 99 71 06 04
www.tourisme-pays-redon.com

- Office de Tourisme du Canton de
Saint-Gildas
17 rue des Forges
02 40 01 40 10
www.tourismesaintgildasdesbois.fr

- Office de Tourisme de la Région de Blain
2 place Jean-Guihard
02 40 87 15 11
www.otsi.blain.free.fr

- Office de Tourisme Erdre et Gesvres
Agence de Sucé-sur-Erdre
Quai de Cricklade
02 40 77 70 66
officetourisme@suce-sur-erdre

- Agence de Nort-sur-Erdre
Quai Saint-Georges
02 51 12 60 74
ot.nortsurerdre@cceg.fr

- Office de Tourisme de Nantes Métropole
3 cours Olivier-de-Clisson
2 place Saint-Pierre
0892 464 044 (0,34 €/min)
www.nantes-tourisme.com/www.resa-nantes.com

Remerciements

Les Éditions Ouest-France et l'auteur remercient :

— Les nombreux partenaires de l'itinéraire Vélodyssée®.
— Les collectivités territoriales, les organismes de développement et de promotion en charge des véloroutes et voies vertes de Bretagne et de Loire-Atlantique.

La Vélodyssée® est une marque déposée
par Loire-Atlantique Tourisme.
Vélo Promenade®
est également une marque déposée.

Editions OUEST-FRANCE
Lille - Rennes

Éditeur **Hervé Chirault**
Coordination éditoriale **Claire Martel**
Collaboration éditoriale **Flore Beaugendre, Claire Villeneuve**
Conception **Studio des Éditions Ouest-France**
Mise en page et photogravure **Graph&ti, Cesson-Sévigné (35)**

© 2013, Éditions Ouest-France, Édilarge SA, Rennes
ISBN 978-2-7373-6119-7 • N° d'éditeur 7223-02-01-02-17
Dépôt légal : juin 2013
Imprimé en R.P.C
www.editionsouestfrance.fr